本书由北京市联德律师事务所资助

知识产权审判逻辑与案例

商标卷

TRIAL LOGIC AND CASES OF INTELLECTUAL PROPERTY RIGHTS

主　　编　管育鹰
执行主编　张　鹏

法律出版社 LAW PRESS · CHINA
北京

图书在版编目(CIP)数据

知识产权审判逻辑与案例. 商标卷 / 管育鹰主编
. -- 北京 : 法律出版社, 2021
ISBN 978 - 7 - 5197 - 5992 - 6

Ⅰ. ①知… Ⅱ. ①管… Ⅲ. ①商标法 - 审判 - 案例 - 中国 Ⅳ. ①D923.405

中国版本图书馆 CIP 数据核字(2021)第 196555 号

知识产权审判逻辑与案例(商标卷)
ZHISHICHANQUAN SHENPAN LUOJI YU ANLI
(SHANGBIAO JUAN)

管育鹰 主编

策划编辑 沈小英
责任编辑 刘晓萌
装帧设计 汪奇峰

出版发行 法律出版社
编辑统筹 法治与经济出版分社
责任校对 晁明慧 王 皓
责任印制 吕亚莉
经　　销 新华书店

开本 710 毫米 × 1000 毫米 1/16
印张 14.5 **字数** 201 千
版本 2022 年 1 月第 1 版
印次 2022 年 1 月第 1 次印刷
印刷 固安华明印业有限公司

地址:北京市丰台区莲花池西里 7 号(100073)
网址:www.lawpress.com.cn
投稿邮箱:info@lawpress.com.cn
举报盗版邮箱:jbwq@lawpress.com.cn

销售电话:010 - 83938349
客服电话:010 - 83938350
咨询电话:010 - 63939796

书号:ISBN 978 - 7 - 5197 - 5992 - 6
定价:68.00 元

凡购买本社图书,如有印装错误,我社负责退换。电话:010 - 83938349

顾　　问： 吴汉东　李明德　程永顺　唐广良
主　　编： 管育鹰
执行主编： 张　鹏

撰 稿 人： （按姓氏拼音排序）
管育鹰　李明德　吕亚妹　尹艳雯
张传磊　张浩然　张　鹏　张唯瑜
郑悦迪

序一

德国文学家歌德在其诗篇《浮士德》中说过,理论是灰色的,生命之树长青。这是比喻理论与生活的关系。如果借用此句式,我们可以说,法律条文是灰色的,而案例才是长青的。因为,正是一系列来自社会经济生活的案例和判决,赋予相关的法律条文以生命。

在知识产权的保护方面,案例或者相关的判决,显然发挥着更为重要的作用。这是因为,无论是文学艺术领域和科学技术领域的创新活动,还是商业标识涉及的市场竞争活动,都有其自身的规律,难以由法律条文予以界定。因此,当文学艺术和科学技术领域出现了新的创新成果,当商业竞争活动出现了新的商业模式,甚至当侵权活动呈现了新的样态时,都会首先反映在相关的案件中。至于法院或者法官,也会通过案件的审理,作出保护与否或者侵权与否的判决。与此相应,对于来自创新领域和商业竞争领域的最新问题,最先作出回应的通常是相关的案例和判决。

当然,法律条文对于创新和市场竞争所带来的挑战,绝非无动于衷。一方面,随着创新性司法判决的作出,立法机关会在必要的时候修订法律,将案例所确立的规则予以法典化。当然,也不排除在某些情况下,立法机关会否定某些案例所确立的规则,另行设立新的规则。另一方面,立法机关也总是积极行为,通过修订法律的方式,对创新领域和市场竞争活动带来的挑战作出回应。因此，至少在知识产权的保护方面，就形成了创新和市场竞争活动推动司法和立法，然后由司法和立法作出应对的态势。

关于案例与立法的关系，英美法系和大陆法系有不同的做法。英美法系是判例法体系，很多法律规则总是先由相关的司法判决予以确定，然后对市场主体的创新和竞争活动进行规范。一些法律规则甚至仅仅存在于判例法中。例如，英国关于作品独创性的“劳动、技能、判断、努力”的判定标准，就是见于相关的判决中，而非《英国版权法》中；美国关于专利侵权的等同原则，一直存在于相关的判例法中，而非《美国专利法》中。当然，当判例法所确立的法律规则相对成熟的时候，立法机关也会将其纳入相应的制定法中。例如，美国关于“合理使用”的法律规则，就是由司法创立而最终纳入了《美国版权法》第 107 条中；美国关于专利帮助、教唆、引诱侵权的法律规则，也是由司法创立，并且最终纳入了《美国专利法》第 271 条中。

欧洲大陆法系是成文法体系，相关的法律规则主要见之于制定法中。根据大陆法系的传统，当市场主体的创新和竞争活动出现了新样态时，法院或者法官应当最大限度地解释既有的法律规则，然后予以规范。在这方面，即使是一个名词术语的解释，都有可能将创新或者竞争活动的新样态容纳进来。例如，对于“文字作品”作出宽泛解释，就可以将计算机程序和数据汇编纳入著作权法的保护范畴内；对于“技术发明”作出宽泛解释，又可以将有生命的生物方面的发明，纳入发明专利的保护中，而非仅限于无生命领域的技术发明。在通常情况下，这种宽泛的甚至是扩大性的解释，同样可以对市场主体创新和竞争活动所提出的新问题，作出必要的回应。

大体来说，在司法判例与法律条文方面，英美法系采纳了逻辑学上的“归纳法”，而欧洲大陆法系则采纳了“演绎法”。按照归纳法，或者从个别到一般的方法，英美法系通常是经由个别的判决创设新的规则，然后予以总结和上升到一般性的法律条文中。而按照演绎法，或者从一般到个别的方法，大陆法系则总是将法律条文中的规则，尽可能宽泛地适用于具体的案例之中，并且在必要的时候依据技术、市场和司法的发展，修订相应的法律条文。毫无疑问，英美法系的归纳法和大陆法系的演绎法，来自各自的司法、立法传统，来自各自的经济社会发展传统，甚至是来自各自的哲学思维传统。对此，难以由第三人作出孰优孰劣的判断。

起源于英国的判例法传统和起源于欧洲大陆的成文法传统，在其历史进程中被传播到了世界各地。大体来说，英国的前殖民地国家，如美国、加拿大、澳大利亚、新西兰、南非等，接受了英美的判例法传统。而其他的很多国家，如俄罗斯、巴西、日本、中国，则接受了大陆法系的成文法传统。然而，在国际交往频繁的今天，那些接受了英美判例法传统的国家，可能会受到欧洲大陆成文法传统的影响，进而注重成文法的制定；而那些接受了欧洲大陆成文法传统的国家，也会受到英美判例法传统的影响，甚至在具体的判决中突破既有的法律规则，日本和中国近年来的发展实践就说明了这一点。

然而，就案例的撰写而言，中国的司法判决又与欧美国家有巨大的差别。例如，美国各级法院作出的判决，通常会在澄清事实、证据的前提下，讨论双方当事人争论的法律问题，进而澄清有关的法律术语、规则的含义，甚至创设新的法律规则；欧盟法院有关知识产权纠纷的判决，也是在相关事实、证据清楚的前提下，讨论具体指令、条例中的法律术语和法律问题，进而为成员适用相关的法律规定提供指导。然而，中国的司法判决，较重视阐述当事人的纠纷、事实、证据，以及对于纠纷、事实、证据的评判。

就一个专利纠纷案件的审理而言，法官为了作出相关的判决，必须查清事实和鉴别证据。而在发达国家，这个工作应当是在庭审之前就完成了的。具体来说，双方当事人，包括各自的律师或者代理人，应当在庭审之前，就相关的证据和事实予以澄清，就相关的法律问题作出归纳和初步讨论，然后将不能达成一致的法律问题，交由法官审查和作出判决。因此，很多纠纷在进入庭审之前就得以解决了。因为，随着对相关证据和事实的澄清，随着对相关法律问题的讨论，双方当事人已经可以初步判断案件的最终结果。

在我国的法院系统，判决书中最有价值的往往是最后的“本院认为”部分。法院在这个部分会援引相关的法律规定，分析双方当事人在相关法律问题上的争议，进而得出侵权与否的结论。但在几十页的判决书中，相对于澄清、评述案件事实、证据的部分而言，这个部分稍显单薄。

或许，随着司法改革的深入进行，我们可以改变一下案件的审理方式和判决书的撰写方式。例如，有关案件事实的查清、证据的交互质询，可以经由庭前会议，在法官助理的主持下予以解决；双方当事人的律师或者代理人，可以在庭前会议中，提炼出一些应当由法院作出判决的问题。这样，在法官主持的庭审中，双方当事人可以聚焦于法律问题的辩论，包括法律术语、条文的具体含义，以及在本案中的适用。显然，在法律规则清晰、案件事实清楚的前提下，由法官作出侵权与否，或者是非曲直的判决，并非难事。同时，由于双方当事人和法院都是聚焦于相关的法律问题，由此而形成的判决书，也必然会将很大的篇幅用于阐释法律规则。

将判决书的撰写重心，从案件事实、证据、纠纷裁判，转移到法律问题的讨论和法律规则的澄清，可以成为我们目前进行的司法改革的一个方面。

李明德*

写于 2021 年 5 月 26 日

---

* 中国社会科学院知识产权中心名誉主任。

序二　判例评释的意义[1]

在日本法学界，传统上存在一种与学术论文不同，被命名为“判例评释”的独立研究体裁。虽然这种研究体裁都通称为“判例评释”，但事实上其中又包含不同的类型。本文介绍的“判民型”判例评释方法，事实上也并非在日本法学研究者间取得共识的研究方法。坦白地说，“判民型”仅在毕业于东京大学法学政治学研究科的民事法学者，以及毕业于我曾执教的北海道大学法学研究科知识产权法学者间成为主流的研究方法。[2] 从日本法学研究者的整体情况来看，采用“判民型”的人数所占比例极低，特别是在知识产权领域业已成名成家的学者中也很少撰写“判民型”的判例评释。

尽管“判民型”判例评释方法只是在数量有限的学者间取得了一定共识，但其能够确定下来也是有相应的存在理由的。同时，我受到曾在我门下学习的本书编委的启发，感觉将日本的“判民型”判例评释方法介绍给中国读者并非完全没有意义的一件事，因此特撰写小文一篇，求教于大方之家。

---

〔1〕 本文是以2018年12月26日日本商标协会成立30周年纪念研讨会上作者的主旨发言为基础撰写的，由中国社会科学院知识产权中心专职研究员张鹏翻译。特别感谢北海道大学法学研究科博士课程的清水纪子女士为作者校阅了依据作者演讲录音形成的本文初稿。

〔2〕 例如，在知识产权法学研究领域，由我担任主编的《知识产权法政策学研究》杂志中所发表的大量案例评释就都是采取“判民型”方法撰写的（特别是由我指导的学生）。

一、判例法理提炼技巧的具体实例

如果仅仅是抽象地论述判例评释的方法论，可能难以向读者传递其中的奥妙。为了给读者留下一个具体印象，下文我将以日本最高法院就商标近似性所作的两个判决为素材进行论述。

（一）最高法院“里拉宝塚”案

首先我将介绍的是“リラタカラヅカ”[1]案（“里拉宝塚”案，最判昭和38.12.5民集17卷12号1623页），该案属于商标申请驳回复审行政纠纷案件。该案诉争商标和引证商标如下：

诉争商标

引证商标

最高法院在该案判决中，首先进行了抽象性论述，即“在追求简单快捷的交易实践中，如果将一个商标的各组成部分分割开来独立进行观察并不会被认为在交易实践中显得很不自然，也就是说，这种商标并不被认为是各组成部分不可分割的商标，那么并不总是需要通过整体的音形义来确定该商标的音形义的。经验法则告诉我们，仅以商标中的某个组成部分来确定音形义，或一个商标中产生了不止一个音形义也是很常见的事……但是，在这种情况下，即使一个商标的音形义与他人商标的音形义不相同或不相近似，如果该商标某个组成部分的音形义与他人商标相近似，则将两个商标理

---

〔1〕“リラタカラヅカ”的发音为“LYRA TAKARAZUKA”，其中“リラ”作为一种乐器的名称，中文翻译为“里拉”；“タカラヅカ”（TAKARAZUKA）部分的发音与日文汉字“宝塚”相同。——译者注

解为是相近似的也是合理的。”

为了更好地理解上述抽象论述的意义，特别有必要进一步将案件事实与抽象论述结合起来考察。为此，判决指出：“原审判决确定的事实如下：诉争商标的图形为古希腊弦乐器‘里拉’，在指定商品肥皂上，该图形并不为交易相关者所熟知；与此相对照，‘宝塚’这一文字在日本则具有明确的含义，普通人也对该二字十分熟悉，同时，诉争商标所使用的‘宝塚’二字位于商标整体的正中部位，采取的是普通字体，这样极易被读取，并作为独立的部分吸引相关公众的注意力。那么，在这样的事实下，原审判决并未将‘里拉’图形和‘宝塚’文字视作不可分割地结合在了一起，也就是说商标的两个组成部分并未达到如果将其分割开来独立进行观察会被认为在交易上显得很不自然的程度。正因如此，诉争商标在‘リラタカラヅカ’的音形义之外，也至少会形成对其构成部分‘宝塚’音形义的认识，在此基础上原审法院得出，诉争商标在以第四类肥皂为指定商品的情况下，与引证商标‘宝塚’在音形义上相近似的结论，这在理论上是不存在违法性的。”

如上所述，日本最高法院在“里拉宝塚”案判决中，肯定了对所谓的“组合商标”应采取分离观察的方法来进行近似性的判断。

（二）最高法院“堤村小型人形玩偶店”案

与“里拉宝塚”案相对照，在“つつみのおひなっこや”[1]案（“堤村小型人形玩偶店”案，最判平成20.9.8判時2021号927页，该案为商标无效复审行政纠纷案）中，最高法院作出了商标并不近似的判决。[2] 在知识产权高等法院原审判决［知財高裁平成19.4.10平成18（行ケ）10532］中则认为，作为

〔1〕“つつみ”发音对应的日文汉字为“堤”，“堤”为地名，指代的是仙台市青叶区堤村，该地域以生产黏土人形玩偶而自江户时代就已闻名日本。“の”即“的”之意；“おひなっこ”为“小型人形玩偶”之意。“や”（屋）为商店之意。故该日文名称所表示的意思为：堤村小型人形玩偶店。——译者注

〔2〕关于该案的判例评释请参考：鈴木將文［判批］ジュリスト1376号307～308頁（2009年）、許清［判批］知的財産法政策学研究34号407～426頁（2009年）。

无效宣告程序请求对象的注册商标“つつみのおひなっこや”与引证商标“つゝみ”及“堤”近似，因此作出了注册商标无效的判断。但是最高法院认为，仅以“つつみ”这一文字部分进行对比就得出两商标相近似的结论并不妥当，因此推翻了原审判决。

诉争商标(指定商品为“黏土玩偶”及“陶瓷玩偶”)

つつみのおひなっこや

引证商标1(指定商品为“黏土玩偶”)

つゝみ

引证商标2(指定商品为“黏土玩偶”)

堤

最高法院的判旨对“组合商标”进行了抽象性论述：“对由多个组成部分构成的‘组合商标’，仅在某一部分作为商品或服务的来源识别标记给相关公众带来强烈的支配性印象，或者另一部分并不产生作为来源识别标记的音形义的情况下，才允许提取商标构成部分中的某一部分，仅将这部分与他人的商标进行比较，进行商标相似性的判断。在其他情况下，这种对比方法都是不允许的(请参考‘里拉宝塚’与‘SEIKO EYE’两案)。”

也就是说，在该案抽象论中并未采取分离观察法，而是采取了整体判断的原则。接下来最高法院又将该案的事实关系嵌入抽象论进行了分析：“在诉争商标的构成中，其名称包含与两个引证商标发音相同的‘つつみ’字样，但诉争商标‘つつみのおひなっこや’文字以标准字体横向书写，其中每个字符的大小和字体都是一样的，并且在同一行上等间隔地表现了出来，因此对相关公众来说是很难仅仅单独提取‘つつみ’字样而吸引其注意力的。此外，根据本案事实，引证商标均于1991年注册，但上诉人(诉争商标权利人)

的祖父最迟于1981年就开始制造堤村小型人形玩偶。在诉争商标所指定商品的相关公众间,至少在本案无效宣告时点,'堤村人形玩偶'作为在仙台市堤村制造的人形玩偶已经为公众所熟知。即使诉争商标构成中的'つつみ'字样作为地名或人名使人联想到'堤村'或者'堤村人形玩偶'中的'堤村',但是依据原审认定的事实,在本案无效宣告时点,不能够认为'つつみ'字样已经超出上述使人联想到作为地名的'堤村'的程度,而作为商品或服务的来源识别标记给指定商品的相关公众带来强烈的支配性印象。此外,诉争商标构成中的'おひなっこや'文字部分,即使在全国范围内已经在诉争商标指定商品的相关公众之间形成了作为制造和销售小型人形玩偶及其相关商品的店铺的认识,但是'おひなっこや'并不是一般用来形容'小型人形玩偶店'的通用词汇,一般认为它是一个臆造的词汇。因此,不能说'おひなっこや'部分是与黏土人形玩偶等密切相关的通用性和一般性的文字表达,也不能说这部分缺乏来源识别能力。"

也就是说,应该进行比较的是"つつみ"字样与"つつみのおひなっこや"字样整体,两者主要的不同点在于"おひなっこや"部分,而"おひなっこや"部分被认定为臆造词汇,因此诉争商标和引证商标并不近似。

(三)应遵从"堤村小型人形玩偶店"案中的抽象论划定本案射程

关于上述两案判决,作为判例法理来说,到底"里拉宝塚"案是否被"堤村小型人形玩偶店"案推翻成为争议的焦点。如果仅仅着眼于判旨文义,是可以读出"里拉宝塚"案采取的是以分离观察为原则,而"堤村小型人形玩偶店"案则以整体观察为原则的。

事实上,知识产权高等法院原法官宍户充先生就持"里拉宝塚"案被"堤村小型人形玩偶店"案推翻的观点。"本案('堤村小型人形玩偶店'案)中,虽然原审判决是根据'里拉宝塚'案所述'尊重简单快捷的商业交易实践'所形成的经验规则,通过分离观察作出的,但是在考察了本案的实际交易情况后发现并不存在使得分离观察正当化的事由。而最高法院的判决则是在整理了先例的基础上,明确指出了分离观察可以适用的情况,在不满足这些情况时应适用整体观察方法。因此,明确指出整体观察和分离观察在适用条件上的区别正是本案最高法院判决的特征所在";"'SEIKO EYE'案、'小僧寿司'案以及'堤村小型人形玩偶店'案三案的原审判决都是在'里拉宝塚'案判旨的指引下采取的分离观察法,但在最高法院阶段对此均予以否定,并明确指出了应以整体观察为原则,分离观察为例外进行判断。"[1]

（四）应通过"堤村小型人形玩偶店"案具体的事实关系来限定本案射程

此外,也存在与上述观点完全不同的观点,即"堤村小型人形玩偶店"案仅仅是因特殊事实关系导致的例外判决,并不意味着最高法院否定了"里拉宝塚"案所持以分离观察为原则的观点。持此种观点的代表性人物就是知识产权高等法院原法官饭村敏明先生。他指出:"最高法院在推翻原审判决时,即使只是针对一个个案而作出的判决……但是对之后遇到类似案例的下级法院来说,如果他们扩大解释最高法院判旨的适用范围,进而否定原审法院所采取的'判断方法''取舍选择方法'等抽象论,在大多数情况下,都会阻碍妥当判断的得出……最高法院判决是在特殊的事实关系下才否定仅将'つつみ'部分拿出来进行比较的,进而得出诉争商标与引证商标并不相近似的结论的,因此该案是具有强烈个案色彩的例外判决。"

在此基础上,饭村法官又举了一个扩大解释最高法院"堤村小型人形玩偶店"案判旨适用范围的例子。在"A gatha Naomi"案(東京地判平21・2・27判タ1297号262页,该案为侵权诉讼中的商标近似性判断)一审判决中,法院否定了原告主张的将被控侵权标识"A gatha Naomi"中"A gatha"部分单拿出来与原告注册商标"Agatha"进行比较的主张。对此,饭村法官作为

[1] 宍户充「最高裁判例にみる商標の類否の本質」パテント70巻10号59頁(2017年)。这里所说的"SEIKO EYE"案与"小僧寿司"案将在后文中详尽论述。

该案二审法官推翻了一审的判断，认为两商标近似［知財高判平 21. 10. 13 平成 21（ネ）10031］。[1]

（五）小结

在上文介绍的两种相对立的观点中，宍户先生所持的观点就是对判决中抽象论的部分特别予以重视，这种分析方法就是下文将详细介绍的“民商型”判例评释方法；而饭村先生所持的观点则更加重视案件事实与判决结论之间的关系，这种分析方法就是“判民型”判例评释方法。当然，在“判民型”判例评释方法中也存在完全不在乎法院在判决中所述抽象理由的类型，这种类型被称为“彻底的判民型”判例评释方法。[2] 需要指出的是，在“判民型”与“民商型”之间并不存在非黑即白的界限。他们的区别仅在于，根据判例评释所欲达到的目的的不同，采取某种立场可能更合适实现判例评释研究的目的而已。对于这方面的问题，我将在下文详细论述。

二、判例分析的方法——判民型 vs. 民商型

（一）判例评释的目的为何？

在讨论判例评释的方法论时，非常有必要理解何为判例评释的目的。

判例评释的目的之一是将判决作为论文看待，将判决中的判旨作为学说的一种进行批判性研究。一般实务界人士所撰写的判例评释都是出于这种目的，同时，学者撰写的判例评释从比例上看可能也多是出于这种目的。

---

〔1〕 飯村敏明「商標の類否に関する判例と拘束力—最三小判昭和 43 年 2 月 27 日判決を中心にして」Law & Technology52 号 52 ~ 53 頁（2011 年）。

〔2〕 “判民型”与“民商型”的区别主要是通过口头代代流传的，很少有详尽探讨的文献。在仅有的文献中，大村敦志等编辑的《民法研究指引》［大村敦志他『民法研究ハンドブック』（2000 年・有斐閣）305 ~ 343 頁］中的论述最为详尽。下文我的论述就是接受了包括上述著作执笔者之一的大村敦志先生为代表的诸位先进的口头传授，或是阅读他们撰写的判例评释受到启发，并经过我反复咀嚼之后才向下一代青年学者传授的。正因本是同根生，所以本文所论述的内容与上述著作所论述的内容并没有太大的不同。

坦白地说，如果没有接受过判例评释方法论的专业训练，很有可能以这种形式写出案例评释。当然这种体裁也并非一无是处，也是一种可以成立的研究手段。无论是否冠以判例评释之名，包括我在内，在撰写论文时也会将判旨作为学说的一种予以引用与检讨。但是本文在专门探讨判例评释的方法论的情况下，继续论证此种思考方法的话就显得毫无意义了。如果将判旨与一般论文等同视之，也就没有必要讨论在论文之外为什么要单独设立一种“判例评释”的研究体裁了。

判例评释的另一目的在于对将来类似案件的判决结果予以预测。假设法院刚刚作出一个新的判决，那么在这个新的判决中法院到底是追随了既有判例的论理，还是添加了新的内容，抑或是完全否定了既有判例的论理？只有在将新的判决准确定位于既有的判例法理的基础上，才可以预测到将来遇到新的类似案件法院是否会继续该案的论理，还是将该案视作一个例外的案例而不予遵从。这就是所谓天气预报式的判例评释，也可以说是对实务最有价值的一种研究方法。我在撰写实务类书籍时，经常从这个角度分析案例。

判例研究的第三个目的在于将自身的观点融入其中以便对将来的判例施加影响。在讨论判例评释的方法论时，这可能是学者们最为热衷的方法了。

谈到这个问题，我总是会引用刑法大师平野龙一博士文章中的论述，即“判例研究的难点就在于，要准确地把握对判决进行批评的‘魂’。而这需要一定‘阅历’的积累……当然，不乏有人一上手就摸门儿了，即使是悟性差一点的人，也会在经历了岁月的磨砺后，渐渐地摸门儿。不过，对于那些从没有接受过此类训练的人来说，他们所撰写的判例研究或法解释论文章，就总会给人一种不得要领的感觉……当然，学者并不应该为实务所左右，必须与实务保持一步之遥……将自己置于一步之遥处进行批判才是学者的职责所在，也是判例评释的使命所在……然而，我们很难知道这一步到底要走多远，这也正是难点所在……如果将自己置于离案件5步或10步之外的话，那么写出来的东西不过是空洞的口号，将丧失对实务的影响力。到底将自己置于与案例多远的距离来进行批评，可能是判例研究中最令人苦恼的部分。"[1]

回想起来，在我作为一个新人步入学界之初，曾在某个研究会上被要求做一个判例评释。当时，我查了很多文献，花费了很大工夫，期待能够得到如潮的好评。但是结果事与愿违，汇报的反响并不是很好，被人指出了很多问题。实话实说，当时我并没有真正理解平野龙一博士所谓的判例评释的"魂"之所在，但现在我可以说我已经摸门儿了。所谓的"魂"之所在就是将自己置于"一步之遥"处进行的批评。也可以说是一种与案例"不即不离"的绝技。

举例来说，当你声称"这个案子判得很奇怪，竟然和我非常推崇的某个学说完全不一样"，这也恰恰说明了你所推崇的这个学说根本就没有纳入判例的"法眼"，也就相当于你自己宣称你并不想对判例施加任何影响。相反，当你声称"乍一看，这个判决似乎采用了某种理论，但如果你结合案件事实仔细阅读判决理由的话，你会发现它实际上采用了另一种理论"，虽然这听起来不免有些"换汤不换药"，但当实务界人士听到你的这种观点后并不认为这是"换汤不换药"的话，那说不定真的能起到影响实务的效果。作为学者，如果你太坚持像天气预报员一样准确预测实务的走向，那么你很可能不会对判例是否具有理论上的正当性品头论足；但如果你太脱离判例而大发宏论，那么你又会失去对实务的影响力。为此，将自己置于与实务"一步之遥"处的这种"不即不离"的绝技正是判例评释所追求的"魂"之所在。

---

〔1〕 平野龍一「判例研究の効用」同『刑法の機能的考察』(1984年・有斐閣)270~271頁。

（二）判民型

“判民型”判例评释就是为了实现“一步之遥”的“魂”之所在的方法。

“判民型”的名称源于东京大学民法判例研究会（现为民事法判例研究会）（简称“判民”）设立之初，末弘严太郎先生所倡导的判例研究方法。它是一种强调捕捉法院对具体事实关系所做判断的方法，而不是将判决中抽象的措辞单拿出来作为“判例”予以看待。下面，我想引用一下末弘先生对于这种研究意义的论述。

“直到大正中叶左右，许多学者都以‘判例批判’的名义，对判决理由中所采用的论理进行理论批判。这种研究将判决的理由与学者的学说等同视之，只是对判决进行抽象的批评而已。

“何为判决呢？判决的实质是……法院在裁判案件时所想象的法律规范……它既不是诸如大审院（或上诉法院）编写判例汇编的人提炼的，作为‘要旨’的部分中出现的那个东西，也不是判决理由中出于技术性动机而使用的理论说明。要想一窥其中的门道，首先要在判决整体中搞清楚之所以导致纠纷出现的具体事实关系的实质……然后，研究者需要在此基础上，从判决整体中推导出法官为其制定的法律规范。”〔1〕

在东京大学民事法判例研究会上汇报的判例评释以“最高法院民事判例研究”为题，发表在东京大学法学政治学研究科主编的《法学协会杂志》上。需要注意的是，并非所有在“最高法院民事判例研究”专题中发表的判例评释都属于“判民型”。由于在具有深厚的“判民型”传统的民事判例研究会上进行了汇报和讨论，因此这些文章较多的具有“判民型”色彩。同时，即使都称之为“判民型”，但是在多大程度上重视判决说理的问题上，到底是仅仅梳理了案件事实与结论的关系，还是也注重判决说理的过程，以及在什么

---

〔1〕 末弘厳太郎「判例の法源性と判例の研究探求」同『民法雑記帳（上）』（1980 年・日本評論社）29 頁［初出：法律時報 13 巻 2 =3 号（1931 年）］。

程度上予以重视等还是存在细微差别的。

(三)民商型

那么所谓的“民商型”判例评释方法又是什么呢？一般认为，它是指在京都大学法学研究科所编辑的《民商法杂志》上所刊登判例评释的研究方法。但是，也有质疑是否真的存在“民商型”这种判例研究方法的呼声。[1]《民商法杂志》上刊登的案例评释，事实上并不存在产生这种评释的民事法判例研究会。被约稿撰写案例评释的人，从惯例上看似乎排除了目前隶属于东京大学法学政治学研究科的学者，但不意味着排除那些毕业于东京大学法学政治学研究科的学者。因此，我作为东京大学法学部助手出身的学者，在我执教于北海道大学法学研究科时，也被《民商法杂志》约稿撰写过案例评释。当时，我自然是使用了“判民型”评释方法。这也进一步印证了，“民商型”判例研究方法并没有一种统一的风格。

话虽如此，与是否在《民商法杂志》上刊登无关，脱离案件的具体事实而抽象地围绕判决中所述理由进行批判的判例评释的确是真实存在的。“民商型”这一用语，就是用来指代并不是“判民型”判例评释方法时而被惯用的一个词语。在下文中，我也将在这一意义上使用“民商型”一词。

(四)在何种程度上重视判决中的抽象性论述

“判民型”因撰写者相异而存在细微的差别，“民商型”又并不存在统一的风格，所以我并不以“判民型”或“民商型”二分法为圭臬，转而将问题设定在进行判例评释时，特别是在论及判例的射程时，在何种程度注重对抽象论的探讨。此时，将有若干视点值得进一步探讨。

一是与如何理解判决的形成过程紧密相关的。假设一种极端的情况，一种理解的方法是法官在形成判决过程中已经先对具体的个案如何下结论

---

〔1〕 请参考：谷口知平/小橋一郎ほか「座談会・判例批評の方法論をめぐって(1)」民商法雑誌56卷1号103頁(1967年)。

有了判断,而判旨中的抽象论实际上是在此之后写上去的。假如这种理解符合实际情况,那么对判例射程的理解方法将必然采取"判民型",特别是"判民型"中的"彻底的判民型",即完全不考虑判旨中的抽象论。另一种理解的方法是法官在形成判决过程中是在所使用的抽象论的约束下作出判断的,这时在考虑判例射程时就需要注意判旨中的抽象论。

二是取决于对判例评释目的的理解。如果将判决作为学说的一种而进行批判的目的,那么在撰写判例评释时会采取"民商型"评释方法。相反,如果是抱着对实务有所影响的目的,在实现上述"不即不离"的绝技过程中,尽管在理论上不是必然如此的,但可能采取"判民型"评释方法会更加妥当。其原因在于可以增加具有操作可能性的道具,这样更容易引入概念的多义性。

另外,如果判例评释的目的是增加预测可能性,也就是撰写"天气预报式"的判例评释,那么从一般意义上看,可能既不是"判民型"也不是"民商型"。这一点很重要,语词在某些情况下是相当抽象的,具有多种解释方法,这个道理在解释判旨所使用的语词过程中也是共通的。例如,"堤村小型人形玩偶店"案判旨中提出的"组合商标"概念。尽管在"里拉宝塚"案判决中没有出现"组合商标"的字样,但在判决书中记载了原告主张本案为涉及"组合商标"的案件,同时一般也认为该案是"组合商标"的案例[1]。但是,仅仅因为使用了同一个词,也并不意味着"堤村小型人形玩偶店"案所指的"组合商标"和人们通常所指的"组合商标"(包括"里拉宝塚"案中的诉争商标)具有同一含义。那么,就有必要在考察了具体需要处理的商标到底是什么样的商标的基础上,判断"堤村小型人形玩偶店"案所述"组合商标"究竟是什么。

三是需要区分最高法院的判决和下级法院的判决来进行分析。日本最

〔1〕 请参考:吉井参也[判批]矢沢惇編『商号・商標・商号・不正競争判例百選』(1967 年・有斐閣)59 頁、鈴木/前揭注 2・307 ~308 頁、許/前揭注 2・414 頁。

高法院存在法院调查官的制度。现实运用的情况是为了给最高法院法官提供法律问题判断的辅助，一般担任调查官的均为下级法院的法官。[1] 最高法院的调查官会在梳理既有学说和判例的基础上，考虑相关先例对本案裁判及之后案例的影响，进而才给出判旨中的抽象性论述。[2] 而且，为了改变最高法院先前作出的判例，需要一个复杂的程序，也就是需要最高法院所有法官组成的大法庭来作出判决，而不是由 3 个小法庭作出（日本《法院法》第 10 条第 3 款），因此最高法院的法官在作出判决时必须意识到将来会形成何种样式的判例法理后才作出。总之，应有足够理由认真对待最高法院提出的抽象性论述。

与此相对应，下级法院一般并不存在调查官的制度（事实上知识产权案件还是有些区别的），同时地方法院一般采取独任制。法官平均受理的案件数是非常多的。[3] 由于没有专门审判部门，下级法院法官需要面对各种类型的案件。即使存在专门审判部门，由于法院采取的轮转制人事政策，法官通常会以 3 年为周期轮转到其他部门。这样可以想象，面对需要平行处理的 200 件案件，且所属领域多种多样，要求他们在彻底调查既有判例和学说的基础上，预先考虑如果采取了这样的抽象论会对将来案件产生何种的影响后作出判决，几乎是不可能完成的任务。至少在最高法院的调查官或者学

---

〔1〕　滝井繁男「最高裁審理と調査官」市川正人ほか他編『日本の最高裁判所 判决と人・制度の考察』(2015 年・日本評論社)234～235 頁。その現実に果たしている役割につき、同 235～240 頁、藤田宙靖[発言]「藤田宙靖先生と最高裁判所(1)」法学教室 400 号 71～72 頁(2014 年)、市川正人「最高裁判所審理の現状と課題」同編・前掲 206～208 頁。

〔2〕　这些调查成果会以该案调查官的名义发表在《最高法院调查官判例解说》（「最高裁調査官判例解説」）上。知识产权类案件的话会很快发表在 *Law & Technology* 杂志上；其他案件的话一般会发表在《法律时报》（「法律時報」）上，并会按年度汇编成合集《最高法院调查官判例解说》由法曹会出版。

〔3〕　在大城市的法院经常是平行处理约 200 件的案件[例如，在第 196 回国会上法务委员会的最高法院事务总局局长中村慎就指出：作为受最高法院院长指派的东京地方法院民事审判部的法官，平均 1 位法官手头的案件数在 2007 年年底大概是 190 件，从 2003 年年底到 2006 年年底有 170 件到 190 件][第 196 回国会法務委員会第 5 号（平成 30 年 3 月 30 日，https://www.shugiin.go.jp/internet/itdb_kaigiroku.nsf/html/kaigiroku/000419620180330005.htm）]。

者的论文同等程度上进行这样详尽的调查是完全不可能的。鉴于下级法院的判决是在这样的制度限制下作出的，因此过分拘泥于判决的抽象论并讨论其对后来司法实践会有何影响是没有意义的。[1]

即使如此，并不意味着对下级法院判决进行研究毫无意义。

一方面，绝大多数案件下级审就是终审了，因此把握下级审的裁判倾向，如有必要尝试对其施加一些影响的话，将具有极高的实务价值。

另一方面，下级法院的判决为没有这种机会参与审判的研究者提供了一个绝佳的学习机会，因为它展示了一个面对具体案件事实作出判断的过程。往往是在一个具体的案例中才第一次注意到这样一个案例是否应该采纳这一抽象论，或者采纳这一抽象论是否会导致不利后果。此外，法官在法律论证的过程中也在费尽心血地填补既有讨论中的空白。而且，特别是在没有明确规则的情况下，当然也包含存在规则的情形，下级法院法官是极有可能通过利益衡量来裁判案件的。至少可以说，研究者更加重视对案件具体事实的各种因素的考量，这可能对分析案件更加有用。

考虑上述因素，重视具体事实与结论之间关系的判例研究方法，对下级法院的案例研究仍具有相当的价值。

三、具体应用

以下将在上述判例评释方法论相关问题意识的指引下，结合之前介绍

---

〔1〕 但在知产领域就不是这样了。知产案件即使在地方法院，也是和高等法院一样采取3位法官合议制审理的，同时知识产权案件不仅有专门审判庭，还存在所谓的“知产轮转”的法官职业路径。也就是在东京地方法院和大阪地方法院的知识产权专门审判部门、知识产权高等法院，以及作为最高法院调查官的法官均是审理知产案件经验十分丰富的法官［请参考田村善之「知財高裁大合議の運用と最高裁との関係に関する制度論的考察 – 漸進的な試行錯誤を可能とする規範定立のあり方 –」同『知財の理論』(2019年・有斐閣)246～270頁］。相对来说，也孕育了应关注到判决中抽象论述的土壤。同时，知识产权高等法院的大法庭判决，甚至相比于最高法院的判决来说，其抽象论述对后续案件的影响力更大（见于田村前书第270页）。这样，特别是以知识产权高等法院大法庭判决为判例评释的对象时，一定要在注重抽象论的基础上开展评释工作。

的最高法院关于“组合商标”的判决进行分析。

首先作为头脑风暴，我们先完全不看判决中的抽象论，而是尝试仅分析案件事实与结论之间关系的“彻底的判民型”评释方法。在此基础上我们再来尝试一下关注抽象论的“普通的判民型”评释方法。

(一)先例的确定

1.“里拉宝塚”案

在之前述“里拉宝塚”案中，诉争商标并不是片假名、汉字与英文字母横向一列排布的，而是中央夹杂着图形，且片假名、汉字与英文字母纵向排列。与此相对照，引证商标是两个文字构成的汉字。在此种情况下，最高法院认定商标近似。

2.“冰山印”案

“冰山印”案[1]诉争商标为图形商标，在圆形内描绘着冰山的形状，在其下标记着“冰山印”文字。其中“冰山”的平假名为“ひょうざん”（日语发音为“hyozan”），而引证商标是平假名的“しょうざん”（发音为“syozan”）。最高法院否定了两商标近似。

诉争商标

引证商标

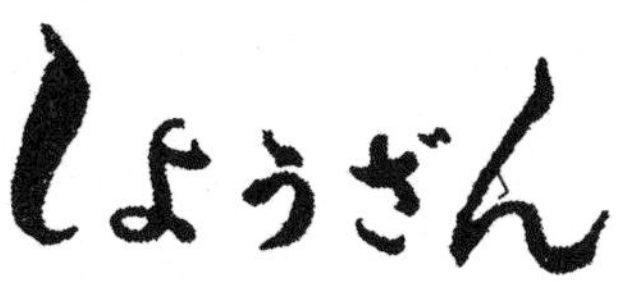

〔1〕 最判昭和43.2.27民集22卷2号399頁〔冰山印〕。

3.“SEIKO EYE”案

在“SEIKO EYE”案[1]中，诉争商标与引证商标共通的部分是“EYE”，诉争商标的指定商品中包含眼镜，而引证商标中包含眼镜领域的驰名标识“SEIKO”，这是二者的主要区别。对此，最高法院认为两个商标并不近似。

诉争商标　　　　引证商标

4.“PALM SPRINGS POLO CLUB”案

以上介绍的案例均适用日本《商标法》第 4 条第 1 款第 11 项规定，其中诉争商标和引证商标的指定商品或服务都是相类似的。但与此不同的是，“PALM SPRINGS POLO CLUB”案[2]适用的是日本《商标法》第 4 条第 1 款第 15 项规定，即不允许注册可能造成来源混淆的商标。在只关注案情和结论之间关系的“彻底的判民型”评释方法下，只要注册商标是因引证商标而不允许注册的，无论适用的条款有无差异，“堤村小型人形玩偶店”案均会作为先例而对其产生影响。不管怎么说，本案诉争商标与引证商标具有相同的“Polo”部分，但最高法院认定可能构成混淆，因此适用第 4 条第 1 款第 15 项驳回了注册。也就是说，在“彻底的判民型”评释方法下，虽然本案没有使用“商标近似性”的分析工具，但在结论上并未承认诉争商标的注册。

---

〔1〕 最判平成 5.9.10 民集 47 卷 7 号 5009 頁〔eYe miyuki〕。

〔2〕 最判平成 13.7.6 判時 1762 号 130 頁〔PALM SPRINGS POLO CLUB〕。

诉争商标　　　　　　　　　　引证商标

5.“堤村小型人形玩偶店”案

“堤村小型人形玩偶店”案诉争商标是平假名字符以相同字体、相同大小横向排列，而引证商标或是平假名或是汉字。最终法院认定两者并不近似，因此并未宣告注册商标无效。[1] 同时，在“彻底的判民型”评释方法下，纠纷产生的背景、当事人利害关系的状况等也是十分重要的。了解这一案件纠纷产生的来龙去脉也是十分必要的。

仙台市的堤村自江户时代开始制造黏土人形玩偶时起，就以“おひなっこ”（小型人形玩偶）或“つつみのおひなっこ”（堤村小型人形玩偶）冠名。在昭和初年之后则将之称为“堤人形”（堤村人形玩偶）。在昭和时代，仅有无效宣告申请人的父亲从事“堤人形”的制造工作，该技艺又由无效宣告申请人所继承。此外，本案注册商标权人的祖父，最迟在昭和56年（公元1981年）就已开始制造“堤人形”，其技艺是经本案商标注册人的父亲而传承给商标权人的。

也就是说，“堤人形”是一个通用名称，在指定商品上“つつみ”（堤）这一文字是缺乏来源识别能力的。此外，现在仅有原被告双方生产销售“堤人

[1] “堤村小型人形玩偶店”案相比于上述介绍的其他最高法院的判例，其特殊之处是该案为无效复审相关的行政纠纷，而其他案件是驳回复审相关的行政纠纷，尽管适用的条文均是日本《商标法》第4条第1款第11项（“里拉宝塚”案和“冰山印”案适用的是日本旧《商标法》第2条第1款第9项），严格地说是相异的案例。但是，如果这样认为，就找不到先例来与“堤村小型人形玩偶店”案进行比较了，而本文介绍判例研究方法的目的也就难以实现了。鉴于此考虑适用的条文是相同的，因此本文也就不再拘泥于是否是相同的案件了。

形”，也就是说二者存在竞争关系。尽管如此，原告作为引证商标“つゝみ”和“堤”的注册商标权人，即使以丧失来源识别能力为理由而对其提出无效宣告程序，也会因为受到日本《商标法》第47条之限制，即以通用名称为事由而宣告无效的受到注册后5年除斥期间的限制，也就是说已经无法再宣告引证商标无效了。正因如此，在处理该纠纷时，要以引证商标一定会存在为前提来进行判断。如果被告的注册商标在这种情况下被宣告无效，那么，原告将是唯一拥有主体部分为“つつみ”的注册商标的堤村人形玩偶经营者，两个竞争者之间的平衡就会被打破。在这种情况下，最高法院并未支持二者近似的观点。〔1〕

进一步来说，最高法院判决认定了“おひなっこや”（小型人形玩偶店）并不是通用名称而是具有识别力的部分。在此种情况下，最高法院判决存在“おひなっこや”部分的诉争商标和不存在“おひなっこや”部分的引证商标并不近似也不是没有道理的。但是，本来在认定“おひなっこや”是一个臆造词语时，很有可能已经受到上述本案特殊的事实关系导致的利益衡量的影响了。〔2〕

6.“小僧寿司”案

宍户先生在论及作为“堤村小型人形玩偶店”案的先例时提到了“小僧寿司”案。〔3〕该案中，拥有注册商标“小僧”的权利人，针对以“小僧寿し”（小僧寿司）为名在全国范围内都十分知名的连锁寿司店提起了侵权诉讼，

〔1〕这里如果要阐述一下我的观点的话，本来就应该认识到由于所谓的除斥期间制度会导致利益不平衡的现象出现，并应该在此基础上确立优先保护已经凝聚了信用的注册商标。因此先不谈是否非要坚持所谓的立法论，仅从解释论来看，确实不应该将除斥期间导致的利益不平衡状态作为一个考量因素。

〔2〕以我日语的理解来看，单听别人说“おひなっこや”我是不知道什么意思的。不过如果向我说明了它的含义的话，的确“おひなっこ”是用来指代“小型人形玩偶”的，而“や”（中文中的“屋”）也就是店的意思，我是能够理解它是指代“小型人形玩偶店”的。

〔3〕最判平成9.3.11民集51卷3号1055頁〔小僧寿し〕。

要求其停止使用“小僧寿し”“KOZO SUHI”“KOZO ZUSHI”等标识，以及请求损害赔偿。在诉讼中小僧寿司的本部与原告和解，因此最终诉至最高法院的仅是在四国地区经营的加盟商。

注册商标

小
僧

被控侵权标识

小僧寿し
KOZO
KOZOSUSI
KOZO ZUSHI

被告所属的“小僧寿司”是一家外卖型寿司连锁店，在 20 世纪 70 年代作为餐饮业排名第一的品牌却没有进行商标注册。[1] 另外，“小僧”商标最早是在 20 世纪 50 年代初期注册的，此后一直没有使用，但对商标进行了续展。在“小僧寿司”开业后，原告在大阪的几家店铺中使用了“おにぎり小僧”这个名字，这主要是为了避免因注册商标连续 3 年不使用而被撤销，之后它就提起了商标侵权诉讼。

对此，最高法院是如何作出裁判的呢？首先，被控侵权的多数被告使用的标识，由于构成了日本《商标法》第 26 条第 1 款第 1 项的使用自己名称而否定了构成侵权。其次，“小僧寿司”文字在与图形一起使用的情况下，由于不满足日本《商标法》第 26 条第 1 款第 1 项所要求的“以通常的使用方法进行使用”，因此难以适用该规定予以免责。但是，由于被告以“小僧寿司”连

〔1〕 当时日本是不允许注册服务商标的，只允许注册商品商标，这也是它没有注册商标情有可原的一个方面。

锁店的名字而闻名，“小僧寿司”中的“小僧”部分不能单独提取出来比对，在相关公众看来不会与注册商标“小僧”发生混淆。因此，尽管两商标都用于寿司，但最高法院否认了“小僧寿司”和“小僧”近似。最后，由于贴在两家店面墙壁和入口处的商标“KOZO”与“小僧”发音是一样的，认定构成近似。[1]虽然最高法院支持了禁令救济，但是以没有给原告带来损害为由驳回了损害赔偿请求。

总之，虽然原告取得了部分胜诉，但被告也就只需将“KOZO”字样从店面的墙壁或入口处移开就可以了，可以说被告几乎取得了完全胜诉。法院在作出这一结论时，运用了多种法理，但本来只要被诉侵权商标在全国范围内享有盛名，就没有必要再促使将原告的商誉凝结于该标识之上了，否则反而会导致混淆。考虑注册商标制度的宗旨，以原告行使注册商标权的行为构成权利滥用[2]这个理由就足以驳回原告的诉讼请求。

无论是在“彻底的判民型”，还是在“普通的判民型”下，“小僧寿司”案均难以成为“堤村小型人形玩偶店”案的先例。

首先，必须认识到“小僧寿司”案的事实关系是极其特殊的。被控侵权标识是全国范围内知名的标识，这直接导致了最高法院总会想些办法使案件朝向不构成侵权的方向发展。在“彻底的判民型”分析方法下，“小僧寿司”案也难以成为不存在相同事实关系的“堤村小型人形玩偶店”案的先例。

其次，虽然都是处理的商标近似性问题，但是两案适用的条文是相异的。“堤村小型人形玩偶店”案适用的是阻却商标注册的日本《商标法》第4条第1款第11项，而“小僧寿司”案是商标侵权案件，适用的是日本《商标法》第37条第1款。由于适用条文的不同，也导致了两者在近似性的判断方

---

〔1〕 我觉得如果认为在寿司上使用“小僧”和“小僧寿司”并不近似，那么也应该认为“小僧”和“KOZO”并不近似。

〔2〕 具体论述请参考：田村善之『商標法概説』（第2版・2000年・弘文堂）93頁。案例的梳理请参考：朱子音［判批］知的財産法政策学研究61号掲載予定。

法上存在区别对待的情况。[1] 如果这样,即使在“普通的判民型”下,也应慎重对待是否应将“小僧寿司”案作为阻却商标注册案件先例的问题。

(二)彻底的判民型之分析

下面我们来进行“彻底的判民型”分析,即完全不看判决中的说理,仅仅关注案件事实与判决结果之间的关系。在此种情况下,如果仅着眼于阻却商标注册的行政案件,那么,可以说包含“里拉宝塚”案和“堤村小型人形玩偶店”案在内,这些案例的裁判逻辑是一致的。

在标识是由文字和图形组合在一起的情况下,如果文字的部分是共通(如“里拉宝塚”案),就会得到近似的结论;如果文字的部分不是共通(如“冰山印”案),就会得到不近似的结论。

如果商标文字的各部分之间存在间隔而排列,当识别力强的部分共通(如“PALM SPRINGS POLO CLUB”案),会得到近似的结论;当识别力弱的部分共通(如“SEIKO EYE”案),会得到不近似的结论。

如果商标文字各部分之间并不存在任何间隔,且文字全部是由平假名构成,作为一个整体进行比较两个商标并不共通(如“堤村小型人形玩偶店”案),就会得到不近似的结论。

此外,由于“小僧寿司”案是事实关系极其特殊的案例,且属于商标侵权案件,因此不在讨论的范围。

(三)普通的判民型之分析

我们在上文中对“彻底的判民型”进行了分析,如果在事实关系的基

---

〔1〕 举例来说,对于很难称之为固定因素的实际交易情况到底在多大程度上影响近似性的判断问题,在阻却注册与否相关的最高法院“保土谷化学社標”案[最判裁昭和49.4.25昭和47(行ッ)33]中持否定态度,而在侵权与否相关的最高法院“木林森”(最判平成4.9.22判時1437号139頁)则持肯定态度。而我也认为这种相异的处理是有一定道理的[田村善之「判批」ジュリスト1140号136~139頁(1998年),案例的梳理请参考:許清「商標類否の判断基準に関する一考察(2・完)-裁判例に基づく商標類似性に対する分析-」知的財産法政策学研究50号137~151頁(2018年)]。

础上再加上对于判决理由中抽象性论述理解的“普通的判民型”来分析，也不会导致对最高法院各判决中判旨的歪曲理解，从而得到相同的分析结论。

1.“里拉宝塚”案和“堤村小型人形玩偶店”案的关系

首先，“里拉宝塚”案判决的判旨中的抽象论部分到底与“彻底的判民型”案例分析后所得到的结论是否一致，这需要回到判旨部分来寻找相应段落。在该案最高法院判决中指出：“如果将一个商标的各组成部分分割开独立进行观察并不会被认为在交易实践中显得很不自然，也就是说，这种商标并不被认为是各组成部分不可分割的商标，那么并不总是需要通过商标标识整体的音形义来确定该商标的音形义。”在将该案事实嵌入抽象论的过程中，判决指出，在“各组成部分分割开独立进行观察并不会被认为在交易实践中显得很不自然，也就是说，这种商标并不被认为是各组成部分不可分割的商标”的情况下，应该进行分离观察。

而在“堤村小型人形玩偶店”案中，以“对由多个组成部分构成的‘组合商标’”为起始的抽象论部分的射程也是及于“里拉宝塚”案中诉争商标这一“组合商标”的情况的。在该案事实关系嵌入抽象论的过程中指出：“诉争商标‘つつみのおひなっこや’文字以标准字体横向书写，其中每个字符的大小和字体都是一样的，并且在同一行上等间隔地表现了出来，因此对相关公众来说是很难仅仅单独提取‘つつみ’字样而吸引其注意力的。”

如果综合分析上述说理，在“里拉宝塚”案中对“如果将一个商标的各组成部分分割开独立进行观察并不会被认为在交易实践中显得很不自然，也就是说，这种商标并不被认为是各组成部分不可分割的商标”的情况，应该以分离观察为原则。而该案诉争商标是由图形和文字组合的商标，采取分离观察并不会导致“各组成部分分割开来独立进行观察会被认为在交易实践中显得很不自然”。

与此相对照，“堤村小型人形玩偶店”案所处理的并不是“里拉宝塚”案那种图形和文字组合的商标，由于“つつみのおひなっこや”文字以标准字体横向书写，其中每个字符的大小和字体都是一样的，并且在同一行上等间隔地表现出来，因此对相关公众来说是很难仅仅单独提取“つつみ”字样而吸引其注意力的。这样也就构成了“里拉宝塚”案中所述的“各组成部分分割开独立进行观察会被认为在交易实践中显得很不自然，也就是说这种商标应被认为是各组成部分不可分割的商标”。

如此一来，“堤村小型人形玩偶店”案最高法院判决抽象论中所指“对由多个组成部分构成的‘组合商标’”原则上不可分离观察的论述，与“里拉宝塚”案中“各组成部分分割开独立进行观察会被认为在交易实践中显得很不自然，也就是说，这种商标应被认为是各组成部分不可分割的商标”的论述是一致的。在此种理解下，“堤村小型人形玩偶店”案并没有推翻“里拉宝塚”案的判例法理，对于“各组成部分分割开独立进行观察会被认为在交易实践中显得很不自然，也就是说，这种商标应被认为是各组成部分不可分割的商标”而言，原则上不应采取分离观察法。仅在“某一部分作为商品或服务的来源识别标记给相关公众带来强烈的支配性印象”，或者在“另一部分并不产生作为来源识别标记的音形义”的情况下，才允许例外地采取分离观察法。从这个角度看，两案抽象论并无任何矛盾之处。

诚然，如果仅看“堤村小型人形玩偶店”案判决理由，而忽略对事实的关照，且并不考虑整合“里拉宝塚”案判旨来理解，由于“堤村小型人形玩偶店”案判旨针对的是“由多个组成部分构成的‘组合商标’”。这样“里拉宝塚”案中所处理的文字与图形相结合的商标也应包含在内（这种理解可能更加理所当然吧）。但是如果以具体案件事实为前提，尝试一种追求与既有判例法理相一致的解释似乎更可取，因为它避免了对先例中所述判例法理[1]的变更。[2]

2."里拉宝塚"案和"SEIKO EYE"案的关系

接下来我们再来分析"里拉宝塚"案和"SEIKO EYE"案之间的关系。宍户先生将两案置于相对立的位置，而我下文论述也许会有不同的理解方式。

"SEIKO EYE"案的判旨是这样论述的："由于本案引证商标也将眼镜作为其指定商品，因此当诉争商标用于眼镜时，本案引证商标构成中的'EYE'部分即使不是直接表明眼镜的品质与用途等特征，作为与眼镜密切相关的具有代表'眼睛'的一般含义的文字，并不会给相关公众留下一个特定的和深刻的印象。另外，原审法院已认定引证商标构成中的'SEIKO'部分是在日本国内非常著名的手表制造和经销商服部精工株式会社所经营的商品或其商号的缩写。"

"这样的话，当引证商标是由字母'SEIKO'和字母'EYE'组合而成，并用于指定商品眼镜时，'SEIKO'部分对相关公众来说，作为来源识别标志会给人以强烈而显著的印象；与之相反，在具体交易的实际中，仅使用与眼镜密切相关的通用字符'EYE'的部分，除非有特殊情况，并不会将其作为来源识别标记而产生音形义的认知。因此，仅以'SEIKO EYE'作为一个整体或仅以'SEIKO'部分才会产生音形义的认知。"

"简言之，鉴于对上述事实的确认，引证商标中'EYE'的部分并不会产

[1] 从另一个角度来看，"堤村小型人形玩偶店"案并没有刊载在《民集》(《最高法院民事判例集》)上。《民集》是最高法院编辑并公开发布的判例集，最高法院作出的判决中，只有经过最高法院内部会议的讨论后才决定是否可以在《民集》上刊登。"里拉宝塚"案刊登在了《民集》上，而"堤村小型人形玩偶店"案并没有刊登在其上，这就说明后者并不应像前者那样受到重视。这也就是朝向支持饭村先生所说的"堤村小型人形玩偶店"案仅是一个例外判决的方向发展的因素。

[2] 但是"里拉宝塚"案由于适用的是旧《商标法》，而"堤村小型人形玩偶店"案适用的是现行《商标法》，因此严格来说是不构成判例变更的。

生音形义的认知，原审法院认为‘EYE’部分不一定不会产生其他商品来源的论述，属于在商标近似性判断中法律适用的错误，因而是违法的，这种违法性直接影响了原判决的结论。”

“SEIKO EYE”案判决认定，“EYE”部分使用在眼镜商品上时识别力较弱，而“SEIKO”部分又属于十分知名的标识。因此，识别力较弱部分与知名性较强部分结合时，仅观察知名的部分，在识别力弱的部分具有共通性，应得出商标不相近似的结论。

值得一提的是，“里拉宝塚”案判旨指出：“如果将一个商标的各组成部分分割开独立进行观察并不会被认为在交易实践中显得很不自然，也就是说，这种商标并不被认为是各组成部分不可分割的商标，那么并不总是需要通过商标标识整体的音形义来确定该商标的音形义。经验法则告诉我们，仅以商标中的某个组成部分来确定音形义，或一个商标中产生了不止一个音形义也是很常见的事……”其中，只是说“并不总是”需要通过商标标识整体的音形义来确定该商标的音形义，仅以商标中的某个组成部分来确定音形义“也是很常见的”。

“SEIKO EYE”案判决仅指出，“在日本国内非常著名的手表制造商和经销服部精工株式会社所经营的商品或其商号缩写”的“SEIKO”部分与“作为与眼镜密切相关的具有代表‘眼睛’的一般含义的文字”的“EYE”部分“相互结合构成的商标”，“EYE”部分并不产生音形义的认识，只有“SEIKO EYE”作为一个整体或仅有“SEIKO”部分才会产生音形义的认知。

这样，在“里拉宝塚”案判决所述“并不总是”需要通过商标标识整体的音形义来确定该商标的音形义，仅以商标中的某个组成部分来确定音形义“也是很常见的”为前提的分析中，“SEIKO EYE”案判决知名标识与缺乏识别力的文字相结合的组合商标，就不属于“里拉宝塚”案判决所述仅以商标中的某个组成部分来确定音形义“也是很常见的”情形，这样就需要例外地采取整体观察法，或者是采取仅关注知名标识部分的分离观察法。这样，“SEIKO EYE”案也是在“里拉宝塚”案判例法理的延长线之上的。

（四）阻却商标注册环节下“组合商标”相关最高法院判例法理分析的小结

下文将在参考了“彻底的判民型”分析方法的基础上，以“普通的判民型”分析方法为指引，对阻却商标注册环节中商标近似性判断的最高法院判决进行小结。

首先，依据“里拉宝塚”案，先要判断其是否属于“如果将一个商标的各组成部分分割开独立进行观察并不会被认为在交易实践中显得很不自然，也就是说，这种商标并不被认为是各组成部分不可分割的商标”的情况。

如果认定了属于不可分割的情况，那么就应以整体观察为原则（如“堤村小型人形玩偶店”案）。但是，即使是在此种情况下，如果在“某一部分作为商品或服务的来源识别标记给相关公众带来强烈的支配性印象”，或者“另一部分并不产生作为来源识别标记的音形义”的情况下，也应该采取分离观察法（见“堤村小型人形玩偶店”案判旨中的抽象论）。

相反，如果认定了并不属于不可分割的情况，那么就应该以分离观察为原则（“里拉宝塚”案判旨）。但是即使是在此种情况下，对于知名标识部分与识别力较弱部分的结合应采取整体观察法，或者仅将知名标识部分拿出来采取分离观察法，而识别力较弱的部分不能提取出来采取分离观察法（“SEIKO EYE”案判旨）。

上述论述如果以流程方式表示即：

先判断“如果将一个商标的各组成部分分割开独立进行观察并不会被认为在交易实践中显得很不自然，也就是说，这种商标并不被认为是各组成部分不可分割的商标”（如“里拉宝塚”案）。

Yes⇒整体观察为原则（如“堤村小型人形玩偶店”案）

但是，“某一部分作为商品或服务的来源识别标记给相关公众带来强烈的支配性印象”，或者“另一部分并不产生作为来源识别标记的音形义”⇒分离观察法（如“堤村小型人形玩偶店”案）。

No⇒分离观察为原则（如“里拉宝塚”案）

但是，知名标识部分与识别力较弱部分结合的情形⇒或整体观察，或仅分离观察知名部分（“SEIKO EYE”案）。

这里需要注意的是，上述思维流程并不是对法官内心中判断手段的推测。个案中法官经历什么样的心理过程才能得出结论先姑且不谈，以上内容仅是在整理了最高法院一系列判决后形成的首尾一致的判例法理而已。

四、总结

上文展示了“判民型”判例评释，也就是着眼于案件事实的分析方法在分析一个具体问题上的应用。但是不得不再次重复的是，判例评释的目的是多种多样的，像宍户先生那样采取“民商型”的分析方法也绝不能说是错的。事实上，在之后的案例中，尽管不是全部，但几乎下级法院的判决中都采取了“堤村小型人形玩偶店”案判决的抽象论。在此种情况下，以预测为目的，宍户先生的判例研究方法也是有一定可取之处的。但是我将自己置于与“堤村小型人形玩偶店”案“一步之遥”的距离对其提出了批判，认为该案判旨的射程应该限定，为了实现这一目的，采取“普通的判民型”评释方法是最为妥当的手段。

事实上，已经有实务界人士指出“堤村小型人形玩偶店”案判旨有可能诱发“商标盗用”问题。[1] 举例来说，“REEBOK ROYAL FLAG”案[2]就是一个典型的实例。在该案中，知识产权高等法院撤销了认定两商标近似的原行政裁决。

诉争商标 1

Reebok

ROYAL FLAG

诉争商标 2

REEBOK　ROYAL　FLAG

（標準文字）

引证商标

ROYAL FLAG

该判决中引用了“堤村小型人形玩偶店”案，由于“REEBOK”在相关商品上作为指示源于原告的标识，已经达到众所周知的程度，这样“诉争商标，宜采取整观察，或仅提取给人以强烈的支配性印象的‘REEBOK’字样作为商品的来源识别标志，来与引证商标进行近似性判断”，在此基础上否定了商标近似（撤销了认定近似的原行政裁决）。

但是如果这样，以在先商标（ROYAL FLAG）为基础，在其上附加知名标

---

〔1〕 産業構造審議会知的財産分科会商標制度小委員会第 18 回商標審査基準ワーキンググループ議事録 20 頁（大西発言）（https://www.jpo.go.jp/resources/shingikai/sangyo-kouzou/shousai/shohyo_wg/document/index/new18_gjiroku.pdf）。

〔2〕 知財高判平成 28.1.20 判タ 1436 号 125 頁［平成 27（行ケ）158］［REEBOK ROYAL FLAG］（Ⅰ事件）、知財高判平成 28.1.20 平成 27（行ケ）159［同］（Ⅱ事件）。

识（REEBOK）进行申请时，若不允许从在后的组合商标中分离提取在先商标（ROYAL FLAG）的部分进行观察，在先商标就会仅能以整体观察的形式出现。从在后组合商标的角度看，知名标识（REEBOK）被分离提取，会导致对在后商标的分离观察，那样只要给在先商标附加上一个知名的标识，就很容易就会得出不相近似的结论，进而允许包含了在先商标的在后商标注册。当然，如果仔细研读判决理由则可以发现，注册商标的保护范围应并不因包括“ROYAL FLAG”这两个商标的共通部分，而应及于“ROYAL FLAG”的部分。但是，这并没有形成明确的结论，在后商标被注册后不能说一定不会对“ROYAL FLAG”将来的经营活动带来不利影响。这也就是所谓的“商标盗用”问题。

为了防止“商标盗用”现象的发生，就有必要限定看似推翻了“里拉宝塚”案判例法理的“堤村小型人形玩偶店”案判旨的射程。在此种情况下，贯彻“彻底的判民型”，将“堤村小型人形玩偶店”案限定在该案具体的案件事实上可以作为一个选项，但是在兼顾抽象论的基础上整合两案判旨，作为将自身置于“一步之遥”的判例评释方法，则是我这篇文章所推崇的最易于被接受的研究方法。

综上，我的这篇小文仅仅是以日本案件为素材，带领大家一窥日本判例评释的奥妙，我也非常希望能够对中国读者有所启示。

田村善之*

2021 年 7 月

* 东京大学法学政治学研究科教授。

引言

在知识产权领域,法律规则的形成和发展与快速迭代更新的技术创新及应用具有天然的联系,而立法的稳定性使其制定和修改不可能过于频繁,因此,知识产权法律条款不可能过于精细化而应当保持一定的原则性和弹性,使纠纷发生时裁判者可以结合事实和证据进行解释和适用来解决实践中不断出现的新问题。当然,这对立法的技巧和科学性、对裁判者的释法能力都提出了较高的要求,特别是知识产权案件的法律适用往往还同时涉及民法、程序法、行政法、经济法等修法频率更低的其他基础性法律,高度依赖裁判者在个案中对相对原则的实体和程序法律条款的准确把握。

知识产权的客体均是无形信息,其受专有权保护的内容及与其他信息的边界不容易划定,尤其是在侵权案件中,法院对是否构成侵权、责任判定、损害赔偿的证明等问题的阐释,对法律的最终实施效果具有重要影响。因此,作为全球通行的为保护知识产权而设立的司法救济程序和制度,知识产权司法保护在各类纠纷化解中具有不可替代的作用。无论是有判例法传统的英美法系国家,还是有成文法传统的大陆法系各国,都十分重视知识产权典型案例的释法和示范作用;个案中对实体正义和程序公正的追求,不仅是当事人的切身利益所在,而且是法律共同体的一致目标。同样,搜寻、分析、提炼典型案例中的裁判规则是研习知识产权法的旨趣所在。为此,从研究者的角度，中立地对中国知识产权审判效能进行评价，是搭建法学理论研究和司法实务桥梁的有益尝试。

本书结合2020年的特殊时代背景对知识产权司法解释、司法政策和审判机制完善等方面的审判工作进展进行考察，并梳理盘点知识产权商标领域的典型案例，分析法院在裁判规则形成、裁判尺度统一、裁判说理等方面的成就以及可能存在的模糊认识或缺憾。

一、知识产权审判工作概况

（一）加强知识产权司法保护的时代需要

2020年，新冠肺炎疫情给各国的发展带来诸多不确定因素，中国在全面建成小康社会取得历史性成就、迈入新发展阶段之初，也面临着更加复杂严峻的外部环境。2020年是新中国历史上极不平凡的一年，在世界经济艰难前行、单边主义和保护主义兴起的压力下，中国疫情防控和经济社会发展取得重大成果，中国成为2020年全球唯一实现正增长的主要经济体。

党的十九届五中全会指出，当今世界正经历着百年未有之大变局，中国已转向高质量发展阶段。当前，新一轮科技革命和产业转型方兴未艾，科技作为第一生产力的核心战略地位成为共识。新冠肺炎疫情的暴发，更凸显我国加快攻克重点科技领域“卡脖子”技术的重要性。习近平总书记在2020年11月底主持中央政治局第二十五次集体学习时指出，创新是引领发展的第一动力，保护知识产权就是保护创新。显然，在中国新发展阶段的规划中，全面加强知识产权保护对促进建设社会主义现代化经济体系、激发全社会创新活力、推动构建新发展格局具有重要意义。

知识产权保护是个系统工程，其中，具有权威性和终局性的、公正高效的知识产权司法保护，对严格实施知识产权法律，有效定分止争，引导科技创新、文化创作和商业竞争中人们的行为规范，保障国家和社会经济生活的顺畅运行具有重要作用。在新技术日益改变人们生产生活方式和社会经济发展模式、实施创新驱动发展战略事关中华民族前途命运、知识产权保护与国际贸易紧密挂钩的时代背景下,全面加强知识产权司法保护是中国遵守国际规则的现实需要,更是推动国民经济高质量发展的内在要求。

(二)中国法院知识产权司法能力建设概况

1. 司法政策与司法解释方面

2020 年,中国知识产权审判工作的首要任务是贯彻落实中央决策部署、回应社会各界各方关切。2020 年 4 月 21 日,最高人民法院印发《关于全面加强知识产权司法保护的意见》,明确了进入新发展阶段后中国知识产权保护司法政策的主基调。这份纲领性文件不仅针对各类知识产权案件特点提出了在今后审判工作中应精准理解和适用法律、完善相关规则妥善解决纠纷、切实维护权利人合法权益的重点内容,还提纲挈领地提出了增强司法保护实际效果、提高司法保护整体效能、加强沟通协调和审判基础建设等方面的具体要求。2020 年下半年,随着疫情的缓解和社会经济生活的复苏,知识产权保护工作也全面提速。为了配合民法典、专利法、著作权法、刑法修正案等基础性法律的通过或修改,全面清理、完善知识产权司法解释和司法政策,增强法律实施效果,最高人民法院紧锣密鼓地出台了涉及商业秘密保护、专利授权确权、网络知识产权侵权、知识产权刑事保护、知识产权民事诉讼证据的 5 个司法解释和关于电商平台知识产权保护、加大知识产权侵权行为惩治力度、加强著作权和与著作权有关的权利保护的 3 个指导意见,以及 18 件依据 2020 年法律修改更新的司法解释和司法政策文件,[1] 为下一阶段加强中国知识产权司法保护夯实了基础。

---

〔1〕 参见法释〔2020〕19 号,《最高人民法院关于修改〈审理侵犯专利权纠纷案件应用法律若干问题的解释(二)〉等十八件司法解释的决定》,2020 年 12 月 23 日通过,自 2021 年 1 月 1 日起施行。

但是，由于时间匆忙，有些解释直接沿用10年前的条文，而立法已经修改，司法解释里引用的条文序号仍然是之前旧法的序号。另外，司法解释频频出台也是知识产权领域的突出特点，这固然与新技术带来的新问题首先直接由知识产权法官面对有关，而且较为典型地反映了近些年我国知识产权领域司法解释日益成为审判主要法律适用依据的现象。

尽管司法解释的制定和出台过程难以以立法的标准来要求，但作为我国各级法院案件审理中的普适性法律规范，其条文的形成至少应当经过一定范围的讨论，以免出现条文引用错误之类的硬伤。司法解释具有普遍的司法效力，在一定程度上，发挥了与法律类似的普适性规范性作用，成为各级法官、法学界与实务界人士必须掌握和熟悉的内容。对于长期以来司法解释存在的问题，[1]应予以重视和解决。

2. 审判机制和审判质效方面

2020年，知识产权审判机制改革的制度优势进一步发挥。承担统一技术类知识产权案件裁判标准等职责的最高人民法院知识产权法庭自成立以来审理了一系列标杆性案件，于2020年12月底发布了7个典型案例，涉及专利无效、侵权损害赔偿额的计算、职务发明奖励、证据保全、反向行为保全以及国际平行诉讼禁诉令颁发规则等重要议题，对严格保护知识产权、激励科技创新表明了立场，也对从源头遏制侵权、制裁故意侵权、精细化计算赔偿额以及维护公平有序的市场竞争秩序给出了指引。2020年年底，海南自由贸易港知识产权法院成立，其与北上广3个知识产权法院和全国其他22个地方法院知识产权法庭以及他们的统一上诉机构——最高人民法院知识产权法庭，初步形成了中国"1+4+22"的知识产权专业化审判格局，为进一步统一中国知识产权司法保护规则发挥了示范作用。知识产权专门法院的

---

〔1〕 关于司法解释的作用及存在的问题，参见周道鸾：《论司法解释及其规范化》，载《中国法学》1994年第1期。

设立因受立法权限制而开展的相对谨慎,但各地知识产权法庭的设立仍然呈现扩张趋势,在省级范围内,另行设立技术类案件管辖权集中的专门法庭,其科学性和必要性仍有待商榷。

目前,中国已成为审理知识产权案件,尤其是专利案件最多的国家,也是知识产权案件审理周期最短的国家之一。当然,这些成绩也得益于中国法院多年来持续推进司法改革,将知识产权法律适用规则的完善与统一、提升司法审判质效、为全面依法严格保护知识产权提供有力司法保障,纳入服务创新型国家建设、推进国家治理体系和治理能力现代化的大局的决策。特别是数字信息技术在立案登记、多元解纷、司法公开、智慧法院建设等方面的广泛运用,给司法改革带来了红利。这也同样体现在中国知识产权审判领域,各地法院积极运用技术手段辅助履行司法职能,提高知识产权审判质量和效率。另外,无论是在涉外知识产权案件的国际司法管辖权方面打造"优选地",还是在国内各地法院之间形成的对案件审理权和新类型案件裁判规则话语权的隐形竞争,以及这些可能受其他非法律因素影响给司法裁判带来的利弊,都需要通过更长期的效果来观察和评判。面对新问题,认识的偏差在所难免,因此,最高人民法院应当尽快建立法律适用分歧解决机制。

二、知识产权案例概述

根据最高人民法院发布的信息,2020 年全国法院新收一审、二审、申请再审等各类知识产权案件 525,618 件,审结 524,387 件;仅审理技术类上诉案件的最高人民法院知识产权法庭,2020 年就审结 2787 件,比 2019 年增长近 95%。[1]

---

〔1〕 参见最高人民法院知识产权宣传周新闻发布会,载中国法院网络电视台网 2021 年 4 月 22 日,https://tv.chinacourt.org/55107.html。

（一）典型案例筛选指标和评述目的说明

本书筛选案例的主要指标是其在学理上的典型意义和探讨价值。因此，尽管在每年各地各法院的“世界知识产权日”宣传报道，各类官方、民间举办的代表性案例和裁判文书评选等活动中，均有大量各具特色的案例推出，但某些社会影响大的案例本书未予收录。例如，判赔额超高但仅涉及损害赔偿计算方式等个案操作性，而在学术理论上普遍指导意义不强的案件，或审判流程改革、一事不再理原则适用等不反映知识产权法律规则本身及其理解适用存在争议的案件。司法部门总结了近年来中国知识产权案件出现的一些新特点：一是涉核心技术和重点领域的案件日渐增加；二是涉案知识产权市场价值及相应的诉讼标的额大幅提高；三是国内与国外诉讼交织越来越密切。[1] 本书在筛选案例时，尽管这些新的案件特点更容易引起社会各界关注，但本书编委会首先考虑的仍是判决是否体现了知识产权法相应领域的学术论点，或其在规则适用与阐释方面的新意，以及是否反映了值得进一步研究探讨以便达成共识的争议或分歧。当然，基于此定位，兼具社会各界关注度和学理价值，或在裁判说理方面具有规则明晰价值的典型案例必然是本书筛选对象。另外，考虑近些年有些类似的案例在法律规则的理解与适用、事实与证据的采信、裁判说理依据等方面尚有认识分歧，本书特将论点相同或相似的案例甄选出来加以评述，以期推动学界和实务界进一步研究探讨。

知识产权法各分支领域的学理论点众多，其中，有很多重要论点在历年来积累的案例中已有体现，而在2020年却不一定能找到很合适的典型案例。考虑本书并非为了对整个知识产权法学科进行全面的学术理论配套案例梳理，而是为了对中国知识产权年度审判质效进行连续性跟踪观察与研究，编

---

〔1〕 参见贺荣：《努力开创知识产权司法保护新局面》，载人民网，http://cpc.people.com.cn/n1/2021/0309/c64387-32046868.html。

委会最终选取了全国法院2020年作出的26个商标领域的生效判决或裁定。虽有个别案例的裁判时间在2019年年底,但考虑类案比较的需要,也将其纳入2020年典型案例的筛选范围。

需要说明的是,本书筛选年度案例的主要目的是引起各界对相关问题的进一步研究探讨,每个案例的评述意见仅代表撰写人的观点,不代表编委会全体成员的意见。特别是,本书所选的案例中,较多是一审、二审、再审几轮审判结果不同,或者不同地方法院对类似案件作出了不同判决的情况,说明司法审判过程中对案例体现的理论问题认识和法律适用标准存在争议。对这些争议问题进行深入探讨,推动理论界和实务界达成更多共识,也是本书期待实现的。

(二)商标领域2020年度典型案例论点精要

针对我国商标领域长期以来存在的抢注问题,本书选取了一部分比较有代表性的案例,涉及如何理解和适用商标法关于在注册程序中加强对在先权利的保护、禁止抢注的规定。其中,除了对姓名权、肖像权、著作权和外观设计权等相对明确的权利保护外,司法实践中还对知名人物形象权、作品名称等合法权益予以保护。针对商标领域对近似性、显著性、混淆的判断等疑难问题,本书也筛选了一系列最新案例,有助于理解我国司法实践中对这些问题的通识或分歧等现状。另外,对商标侵权判断阶段的一些典型问题,如反向混淆、平行进口以及各类抗辩等,本书也选择了部分代表性案例加以评述。值得注意的是,近年来我国出现了一些商标与商誉划分相关的争议,例如,历史因素造成的共存问题、合同条款的不明晰、被许可方的投入性质等,也在商标案例中有所体现。

1. 商标注册阶段的阻却事由

首先是不得侵害他人在先权。本书所选Yeezy(椰子)案在乔丹案后,再次阐释了当事人以其笔名、艺名、译名等特定名称主张姓名权,该特定名称具有一定的知名度，与该自然人建立了稳定的对应关系，相关公众以其指代该自然人的，人民法院予以支持。关于注册商标是否与在先知名人物迈克尔·乔丹的肖像权冲突，再审法院指出，肖像权所保护的肖像应当具有可识别性，其中应当包含足以使社会公众识别其所对应的权利主体，即特定自然人的个人特征，争议商标不侵害乔丹的肖像权。本书还甄选了一例典型的著作权、外观设计、商标相互纠缠的再审案件：在原告的外观设计专利申请之前第三人已经就系争商标的设计标识在国外公开拥有著作权、外观设计权，但再审法院并未对此问题作出分析，而是直接认定，因整体视觉效果差异明显，被告的注册商标未侵犯原告的在先外观设计专利权。在我国商标审查和司法实践中，对在先权利保护的理解通常作扩大化阐释，即包括法定权利和其他合法在先权益。知名度较高的作品名称、角色名称等在符合一定条件时，可以作为在先权益予以保护。在“王者荣耀”案中，法院认为诉争商标核定使用在酒类商品时，必定借用了在先知名作品名称所形成的市场声誉或不当损害了其商业利益，使相关公众对诉争商标核定使用的商品来源与在先作品名称的所有人产生混淆误认。

构成混淆性近似的商标不得注册。对构成混淆性近似的认定，法院认为，应以相关公众的一般注意力为标准，对比诉争商标与引证商标在构成要素、主要部分或整体上是否近似。诉争商标的实际使用情况、使用时的主观恶意可作为判断商标是否构成混淆性近似的重要因素。引证商标的显著性和知名度是判断商标是否构成混淆性近似的重要条件。但是，如果争议双方达成共存协议，那么，其可作为商标混淆可能性判断的排除性事由。在“哈士奇”案中，争议双方原本是中外合资企业的股东，因在合作结束时没有明确约定中英文商标，引发了商标无效争议。二审期间，双方提交商标共存协议，使原无效程序裁定和一审判决的基础事实改变，从而法院作出了撤销原裁定和判决，允许系争商标共存的判决。二审判决体现了对双方意思自治的尊重，指出在判断诉争商标与引证商标在类似服务上共存是否会导致相关公众的混淆、误认时，应当考虑引证商标注册人与诉争商标申请人之间达成的商标共存协议。在商标注册中，地理标志与普通商标的近似判断也是实践中常见的问题。地理标志在我国有多种保护方式，不同主体注册相同或近似标识发生冲突的现象时有发生。在“平阳黄汤”案中，法院认为，地理标志是单独的权利客体，商标法仅是对该权利客体提供一种确认和保护；在地理标志证明商标申请时间在后，普通商标申请在前的情况下，判断两商标是否构成近似，应结合地理标志客观存在情况及其知名度、显著性、相关公众的认知等因素，判断是否容易造成相关公众混淆。

立体商标的显著性判断也是实践中的难题。仅以商品自身形状或者自身形状的一部分作为三维标志申请注册商标，相关公众在一般情况下不易将其识别为指示商品来源标志的，该三维标志不具有作为商标的显著性。但本身不具有显著性的立体标志也可以通过在市场流通、经营过程中的实际使用，获得“第二含义”的显著特征。在“四叶草”案中，法院认为该商标使用在珠宝首饰等商品上，相关公众会习惯将其作为商品外观、造型或装饰认知，难以起到区别商品来源的作用。

关于含地名的商标是否可以注册，在“哈尔滨小麦王”案中，法院认为，诉争商标包含县级以上行政区划名称，属于由地名与其他要素组合而成的商标，需从整体考察。整体而言，该商标易被相关公众识别为哈尔滨啤酒的系列产品之一，具有区别于“哈尔滨”地名的其他含义，可发挥识别商品来源的作用。关于声音商标的显著性判断，在“泸州老窖”案中，法院指出，声音作为商标申请注册应具有显著特征，便于识别商品或服务来源；因声音时长过长、背景乐缺乏辨识度等因素导致相关公众难以将其作为商标识别，缺乏商标应有的显著性，在缺乏证据证明其已经过长期使用取得显著特征的情况下，不应核准注册。

2. 关于注册商标专用权的保护范围

在“MK”商标侵权案中，法院指出，尽管被告行为属于在同类商品上使用近似商标的行为，但是否构成侵权要判定混淆可能性，这需要根据案件具体情况，综合考虑相关商标的显著性、知名度、相关公众的注意力程度、实际混淆证据、被诉侵权标识的实际使用情况、是否具有不正当意图等因素进行判断。从涉案商标的固有显著性、双方的使用情况与规模、消费群体、主客观等方面看，不会造成相关公众的混淆，被告通过正当的商业经营所建立起来的被诉侵权标识与产品之间的稳定联系，凝聚了其商业信誉和竞争优势，应当获得认可和保护，应允许被诉侵权标识与涉案商标适当共存。

在“蒙娜丽莎”案中，法院认为，当相关公众已经形成普遍认知，即文字商标与图形商标呼叫、含义的指向具有同一性，从而形成特定的对应关系时，将图形商标使用在与文字商标相同或类似的商品上，容易导致相关公众混淆，进而误认为使用图形商标的商品与使用文字商标的商品源于同一主体或商品提供者之间具有特定关联关系，此时应当认定两个商标标识构成近似。

在“鹦鹉 PARROT”案中，因历史因素，两商标原所有人签订协议约定“鹦鹉 PARROT”商标用于国外市场，“鹦鹉 YINGWU”商标用于国内市场。一、二审认为原告的“鹦鹉乐器”被认定为“中华老字号”，被告许可他人在国内市场使用“鹦鹉 PARROT”构成侵权和不正当竞争。再审法院认为，两个商标不是相同商标，以出口和内销商品为标准划分注册商标专用权国内外地域范围的结果是由历史原因造成的；在相关法律障碍消除、商标注册人的商标专用权恢复至圆满状态的情况下，不应当再区分其所使用的商品是否用于出口或内销，双方可在核定的商品上使用各自的商标。

在界定“互联网＋”新型业态下的类似商品和服务时，不能仅以其载体作为区分商品或服务类别的依据，而应根据所涉商品或服务自身的目的、功能、内容等，从市场实际出发认定是否相同。在“荷包”案中，原告取得软件等商品的第9类“荷包”文字商标，被告使用“荷包”作为App和微信公众号；法院认为，荷包App只是实现服务的工具，其服务内容仍应归入金融服务，与原告请求保护的核定第9类不构成相同或类似，不构成商标侵权。

在“MUJI 無印良品”标识商标侵权案中，法院认为，商标的使用不仅局限于商品本身，还可以在商品包装或交易文书上使用；从被告对自有服务商标和字号使用的客观状况以及相关公众由此产生的主观认知来看，其对被控侵权标识“无印良品”的使用是用于识别其提供的服务来源，而非为了区分和标示其所提供的特定商品的来源，因此不会导致相关公众的混淆。需要指出的是，“MUJI 無印良品”“无印良品”近年来在我国发生的系列争议，反映国外驰名商标认定中的相关典型问题，值得进一步关注。

在“卡罗娜”案中，法院认为，平行进口应遵守我国法律法规的相关规定，保持进口商品的原貌，不改变进口商品的原标识、包装，防止侵害商标权人在我国境内对中文商标享有的合法权益，保障商标权人、消费者和经营者的利益。进口商在平行进口的商品报关单、入境货物检验检疫证明和商品上加贴“卡罗娜”中文标签的行为，破坏了权利人中文商标与英文商标之间的对应性，侵害了涉案“科罗娜”“卡罗娜·爱科拉”的商标专用权，构成《商标法》第57条第7项规定的给他人的注册商标专用权造成其他损害的情形。

驰名商标的反淡化保护在我国司法实践中得到承认。在“大疆”案中，被告将原告注册使用在相关遥控运载工具、无人机等产品上的“大疆”商标用于智能手机。法院认为，原告商标构成驰名商标，而“航空器”商品通常与手机搭配使用，被告的商品与原告驰名商标核定使用商品存在密切关联；被告在被诉侵权产品上复制、模仿驰名商标标识，足以使相关公众在看到被诉标识时直接联想到该驰名商标，从而削弱该驰名商标与商标权人之间的唯一对应关系，弱化该驰名商标显著性，构成侵权。

一般而言，法院只有在审理涉及请求停止侵害驰名的未注册商标、驰名的注册商标跨类保护以及有关企业名称与驰名商标冲突的侵害商标权和不正当竞争民事纠纷中，才会涉及认定驰名商标。在“LV”案中，一审法院认为，没有必要认定原告商标驰名。二审法院认为，诉讼过程中被诉侵权注册商标仍为有效注册商标，原告没有禁止其使用的充分理由，且被告以自己商标是注册商标为由抗辩，有必要认定原告注册商标是否为驰名商标。

3. 注册商标权利行使及限制

首先是对权利滥用的制止。“乔丹”系列商标引发的争议值得我国商标领域关注。在先权利的保护在我国现行《商标法》中，因无效的除斥期间规定存在一定不足。在本书所选案例中，法院认为，涉案商标系因迈克尔·乔丹对上述商标以侵害在先姓名权为由提起无效宣告请求之时已逾5年保护期限，故其具有合法存续状态；但基于该商标注册存在一定权利瑕疵，原告不具有禁止他人在“乔丹”在先权利范围内合法行使该权利的正当性。

含通用名称的商标本身显著性较弱。在“九制陈皮”案中，原告有“九制”注册商标，被告在产品上使用“九制陈皮”。法院认为，考虑相关公众的认知情况、权利人对自己商标的使用情况、其他市场主体的使用情况等，“九制陈皮”为通用名称；被告在产品上清晰标注了自己的“鲜仙乐”商标，且其产品确实为腌制陈皮类制品，品名为“九制陈皮”，原告未提交证据证明被诉侵权产品不是经多道繁杂工艺腌制而成的陈皮类产品，故被告属于正当使用。

在由最高人民检察院提起抗诉的“世界经理人”再审案中，最高人民法院认为，商标标志中虽然含有与其所使用的商品的特点相关的描述性元素，固有显著性不强，但商标整体或者经过使用使相关公众能够以其识别商品来源的，应当认定其具有显著性。对于描述性用语的正当使用应该限于说明或客观描述商品特点，以善意方式在必要范围内使用，且不应导致相关公众将其视为商标而导致来源混淆。被告在其出版杂志的显著位置使用原告有一定知名度的“世界经理人”注册商标,容易导致相关公众混淆误认,不属于正当使用。

描述性使用一般属于侵权例外,其限度如何判定存有争议。在“支付宝”案中,被告在全国范围内举办以“支付宝应用公测”为名称和内容的研讨会、宣讲会等线下营销活动,并在活动中使用了两家原告的注册商标、字号。法院认为,对他人商标进行指示性使用应当限于必要、合理的范围内,在主观上应当具有善意,在客观上不会导致相关公众混淆误认,被告在宣传经营过程中,并非以叙述性方式而是大量、突出使用被诉标识,显然超界。

在“Vacake 及图”案中,原告涉嫌抢注商标,然后主张在先使用人侵犯商标权。在该商标尚未无效的情形下,法院认为,经营者明知他人在先使用并具有一定影响的标识,仍在同一种或类似商品上申请注册与该标识相同或近似的商标,有违诚实信用原则。在此种情况下,根据《商标法》第 59 条第 3 款的规定,注册商标专用权人无权禁止该使用人在原使用范围内继续使用该标识,对原使用范围的界定强调的是使用范围而非使用规模。

4. 2020 年度商标领域的其他典型争议

在“红牛”案中,法院指出,除非当事人有特别的约定,设计商标、为商标注册提供帮助,均非商标法上取得商标权的法定要件;根据原被告双方签订的商标许可使用合同,原告在中国境内使用“红牛”系列商标及生产、销售相关产品,已因商标使用以及同时伴随的技术许可获得了足够的回报,其对系列商标享有合法权益的主张不予支持。此案涉及商标许可使用中商誉形成与权属划分、合资企业终结时的无形资产分割等复杂问题,是继“王老吉”与“加多宝”系列争议之后的典型案件,令人关注。

在“米家”案中,小米公司等构成对原告“MIKA 米家”商标的侵害。法院认为,在反向混淆的情况下,侵权人的经营能力、品牌知名度、营销推广能力明显强于商标权人，特别是在商标权人对注册商标的使用和宣传有限的情况下，侵权人的销售利润往往远高于商标权人的损失，但对于侵权人基于自身的商标商誉或者商品固有价值获得的利润，由于其与被诉侵权行为之间欠缺直接因果关系，故商标权人无权对此部分利润主张赔偿。

在“景百岁”案中，被控侵权行为同时侵害原告注册商标、商品包装，而该商品包装的外观设计专利权已到期终止。法院认为，在请求权竞合、法律并无明文规定情况下，原告有权选择依据商标法的有关规定要求保护其商标权，亦有权选择依据反不正当竞争法的有关规定要求保护其知名商品特有名称、包装、装潢；在原告主张前述包装构成知名商品特有名称、包装、装潢时，法院应遵循反不正当竞争法框架对其诉请进行审核。

目 录

商标注册阻却事由

001

与在先权益相抵触之外观设计专利权 / 张鹏

株式会社东洋克斯与国家知识产权局、潍坊现代塑胶有限公司商标争议行政纠纷案/最高人民法院行政判决书,(2019)最高法行再51号

事实概要

株式会社东洋克斯(一、二审第三人、再审申请人,以下简称X)于2004年2月10日向商标局提出第3907566号图形商标注册申请,并于2009年2月21日经商标局核准注册,核定使用商品为第17类塑料软管、橡胶软管商品。潍坊现代塑胶有限公司(一审原告、二审上诉人、再审被申请人,以下简称Y)系"钢丝螺旋软管"的产品外观设计专利权人,该外观设计于2002年9月3日申请,授权公告日为2003年4月23日。Y于2012年9月25日向原国家工商行政管理总局商标评审委员会提出争议申请,主张诉争商标与Y在先的外观设计专利图案构成近似,侵犯了Y的外观设计专利权。

一审判决指出:判断商标注册是否侵犯在先权利,首先,应当以申请之时是否存在合法有效的在先权利为前提;其次,这种存续状态还必须持续到异议或者争议之中。在本案中,虽然在诉争商标申请注册时,Y的外观设计专利权处于有效状态,但至Y提起本案商标争议申请时,该专利权已过《专利法》规定的10年有效期限,诉争商标的在先权利障碍已不存在。二审判决指出:在诉争商标核准注册时,如果他人主张的在先权利仍然存在,商标评审委员会在商标评审程序中以及法院在后续的行政诉讼程序中,仍然应当对诉争商标的注册是否违反《商标法》第32条的规定进行实质审查。在本案中,无论是申请日还是授权公告日,Y享有的外观设计专利权均早于诉

争商标的申请日，该外观设计专利权相对于诉争商标而言，属于在先权利。

判决要旨

最高人民法院撤销二审判决，维持一审判决。

权利自然失效不产生自始无效的法律后果，如诉争商标核准注册时在先权利仍合法存在，不能直接援引最高人民法院《关于审理商标授权确权行政案件若干问题的规定》第28条的规定，认定影响商标获准注册、维持有效的事实基础发生变化，而仍需对是否存在权利冲突作出判断。

在一般情况下，只有将包含该三维形状的设计申请为立体商标时，二者才有可能表现为相同或近似的形式。如果仅仅是将包含三维形状设计要素在内的外观设计图片或照片申请为平面商标，在平面商标缺乏产品载体的情况下，难以认定二者构成相同或相近似的外观设计。具体到本案，诉争商标表现为红蓝平行线条搭配的平面图形，涉案专利权请求保护的是三维形状的钢丝螺旋软管，虽然授权公告文本的俯视图中可看到软管上有线条设计，但线条本身与产品紧密结合，且无证据显示线条为涉案专利的设计要部。故以产品形式表现的涉案专利与以平面形式表现的诉争商标相比，整体视觉效果差异明显，不构成相同或相近似的外观设计。

评　析

一、判决意义

本案再审判决在《商标法》第32条中“在先权利”现有性判断的裁判基准时和外观设计专利权作为“在先权利”时与在后注册商标的近似性比对两个问题上均有明确的结论，该结论对后续类似案例具有很强的指导意义。

二、规范及学理

《商标法》第32条前段“申请商标注册不得损害他人现有的在先权利”最早可以追溯至《商标法实施细则》(1993年)(以下简称《细则》)第25条第1款第4项中“侵犯他人合法的在先权利进行注册”的规定。该规定作为《商标法》(1993年)第27条第1款中“以欺骗手段或者其他不正当手段取得注册”的一种,对此情形可由商标局撤销该注册商标;其他单位或者个人亦可请求商标评审委员会裁定撤销该注册商标。

《商标法》(2001年)第31条将其规定为“申请注册商标不得损害他人现有的在先权利”。相比于《细则》中对于在先权利的规定,2001年、2013年和2019年《商标法》体现出的最为显著的差异在于:一是在除斥期间的设置上,在2001年修正的《商标法》实施前,以争议商标注册侵犯其合法在先权利为由请求撤销争议商标的,不受撤销期限的限制(如nextlon案[1]),而在2001年、2013年以及2019年《商标法》中该请求均须受5年期间的限制;二是在撤销或无效程序的设置上,原商标评审委员会的行政决定在2001年、2013年以及2019年《商标法》下均需要接受司法审查;三是规范用语的来源上存在明显不同。从用语与立法沿革上可以看出《细则》第25条第1款第4项中的“侵犯他人合法的在先权利”规定源于《保护工业产权巴黎公约》第6条之5第B款中“商标具有侵犯第三人在被请求给予保护的国家的既得权利的”,可以对商标拒绝注册或使注册无效。而2001年《商标法》第31条则明显源于《与贸易有关的知识产权协定》第16条第1款中“上述权利不得损害任何已有的在先权”的规定。2001年《商标法》第31条是在2001年《商标法》(修正案草案二次审议稿)中由法律委员会建议增加的规定:即“申请商标注册不应损害他人现有的在先权利,也不应影响他人在使用的基础上授

---

[1] 参见北京市高级人民法院行政判决书,(2013)高行终字第150号。

予权利的可能性”,之后在修改商标法的决定(草案)中改为了现有形式。分析《巴黎公约》与《与贸易有关的知识产权协定》就“在先权利”规定的不同之处,至少可以发现两个重要区别:一是“侵犯”(infringe)和“损害”(not prejudice)之间存在的区别。对此有学者指出,“损害”并不要求申请注册行为本身侵犯他人的在先权利,亦不要求将来的注册商标实际使用行为造成在先权利的“损害”或“损害可能性”,此处的“损害”指的是“妨害”了在先权利人以在先权利的对象标志申请注册商标或取得注册商标的利益,这种利益需要行政救济才能得以排除。〔1〕 而在“侵犯”语境下,往往指代在申请注册或商标使用过程中对在先权利造成的实际损害,如未经本人授权而在商品上使用某人的姓名或肖像。〔2〕 二是两公约中救济方式上对应的法律效果截然不同。在《巴黎公约》中对应的是拒绝注册或是注册无效的法律效果,而《与贸易有关的知识产权协定》对应的则是限制注册商标的专用权以实现对于在先权利的保护,并不否定在后注册商标本身的有效性问题。〔3〕

不同类别的在先权利具有截然不同的保护范围,因此“损害”在先权利亦具有不同的构成要件。其中,从“损害”的时间节点来看,可以从以下三种类型进行分析。一是申请行为损害他人在先权利的情形。与将来在商品或服务上的实际使用行为无关,在申请注册过程中只要使用了他人的作品就构成著作权法上权利的侵害。这样未经他人许可在申请过程中对于作品的使用即“损害”了作为在先权利的著作权。二是公告行为损害他人在先权利的情形。同样与将来在商品或服务上的实际使用行为无关,对于自然人的人格利益来说,在初步审定公告后将自然人姓名、肖像等进行商标注册,并

〔1〕 参见何怀文:《商标法:原理规则与案例讨论》,浙江大学出版社 2015 年版,第 184 ~ 185 页。

〔2〕 参见[奥地利]博登浩森:《保护工业产权巴黎公约指南》,汤宗舜、段瑞林译,中国人民大学出版社 2003 年版,第 76 页。

〔3〕 参见董炳和:《TRIPS 协议与中国商标法对在先权利的保护》,载《中国专利与商标》2003 年第 3 期。

与某一商品或服务相关联地向社会公开后，会造成对于他人人格利益的“损害”，因此商标注册申请过程中的公告行为会造成对作为在先权利的人格权的“损害”。三是使用行为损害他人在先权利的情形。虽然商标注册行为本身并不会对在先权利人的权利造成侵犯，但鉴于商标注册的目的均在于具体的商标使用行为，避免商标的使用行为构成对在先权利人的损害。据此，判断商标注册是否会构成对在先权利人的损害应以该商标注册后的使用行为是否会构成对在先权利人的损害为判断前提。[1]

这样对于“损害”判断的具体原则，应以对在先权利的侵权认定原则为准。即如果注册商标的合法使用不会造成对在先权利的侵犯，则该使用行为必然不会对在先权利人的利益造成损害。反之，则应认定构成对在先权利人利益的损害。

在判断诉争商标是否损害在先外观设计专利权时，通常考虑以下三方面因素：一是外观设计专利权较诉争商标而言是否属于“现有的在先权利”；二是诉争商标标识与外观设计是否相同或者近似；三是诉争商标指定使用的商品与外观设计使用的产品是否相同或者类似。[2]

其中，在判断权利的“现有性”时，《最高人民法院关于审理商标授权确权行政案件若干问题的规定》（法释〔2017〕2 号）第 18 条规定，“商标法第 32 条规定的在先权利，包括当事人在诉争商标申请日之前享有的民事权利或者其他应予保护的合法权益。诉争商标核准注册时在先权利已不存在的，不影响诉争商标的注册”。依据该规定，在先权利现有性的判断（亦裁判基准时的设定）采取了双时间节点的标准。[3] 即在先权利必须在在后商标注册申请日之前既已存在，且需持续保持有效状态至在后商标核准注册之日。

---

〔1〕 参见金泰轮案，北京市第一中级人民法院（2008）一中行初字第 519 号行政判决书。
〔2〕 参见沐浴露标贴案，北京知识产权法院（2017）京 73 行初 6063 号行政判决书。
〔3〕 参见周云川：《商标授权确权诉讼：规则与判例》，法律出版社 2014 年版，第 337 页。

三、以往司法实践

在既有司法实践中，对于“现有性”的判断仍坚持双时间节点的标准。如在金泰轮案[1]中就指出：外观设计专利权在裁定作出时已过有效期的，鉴于在权利有效期过后，权利人在未过诉讼时效的情况下，对于他人在有效期内实施的侵权行为仍然可以行使权利。据此，即便相关的在先权利在认定争议商标是否具有可注册性的裁定或判决作出时已过有效期，亦不能仅以此为由而维持争议商标的注册。否则，同样会使在先权利的有效期内同时并存一个合法有效的商标专用权，影响在先权利人对其权利的行使。据此，本院认为，在商标争议纠纷案件中，应以注册商标专用权的产生日（争议商标的注册日）而非争议裁定或判决的作出日为准判断在先权利的有效性。

在标识与外观设计是否相同或者近似的判断上，既有司法实践存在“一般消费者整体视觉效果”与“设计要点”两种标准。前者主要是将该商标所附着的商品外观与在先的外观设计专利产品外观进行对比，判断二者是否在视觉上有差别。如有差别，该差别是否会对一般消费者对于产品的整体视觉效果产生显著影响。如果该差别不会对产品的整体视觉效果产生显著影响，则应认定该商标的注册构成对在先外观设计专利权的损害（金泰轮案）。后者设计要点则是现行判断两者在设计要点上是否近似，进而判断整体的近似性。如沐浴露标贴案[2]就将诉争商标标识与安舍公司外观设计相比较，两者的相同点在于均以花卉为主要设计元素，且花卉图案基本一致，并且诉争商标中最显著的桃红色花朵与其左上方的两条平行线条的位置和比例，与安舍公司外观设计中较明显的玫红色花朵及其左上方的两条平行线条的构图相近似；两者的主要不同点在于安舍公司外观设计较诉争

---

[1] 参见北京市第一中级人民法院行政判决书，(2008)一中行初字第519号。

[2] 参见北京知识产权法院行政判决书，(2017)京73行初6063号。

商标标识多出文字部分。基于两者的相同点及不同点，进一步认为，由于文字并非外观设计保护的内容，故安舍公司外观设计中的图案部分应为该专利的设计要点。诉争商标标识与安舍公司外观设计的设计要点相近，整体上并未产生与安舍公司外观设计明显不同的视觉效果，故两者构成近似。

四、判决的价值参考

本案再审判决在在先权利的“现有性”问题上，采取了双时间节点的标准，对一审判决中指出的应以异议时、无效时或诉讼时等作为裁判基准时的观点给予了否定性的结论。而在在先外观设计专利权与在后注册商标的近似性判断上综合采用了“一般消费者整体视觉效果”与“设计要点”两种判断标准。特别是对于三维产品结构上的平面图案与平面商标的对比上，采取了较为严格的态度。这两点判旨对今后案例将起到较重要的指导意义。

002

与在先权益相抵触之姓名权 / 张鹏

迈克尔·杰弗里·乔丹与国家知识产权局、乔丹体育股份有限公司商标权无效宣告请求行政纠纷案 / **最高人民法院行政判决书，(2018)最高法行再32号**

事实概要

迈克尔·杰弗里·乔丹(一审原告、二审上诉人、再审申请人，以下简称X)系世界知名的美国篮球运动体育明星，在我国具有极高的知名度。乔丹体育股份有限公司(一审第三人，以下简称Y)将争议商标“乔丹及图”核定使用在国际分类第25类“服装；游泳衣；鞋；爬山鞋；帽；袜；皮带(服饰用)；舞衣；婚纱；睡眠用眼罩；防滑鞋底”等商品上，于2007年4月26日申请注册，2010年4月21日获准注册，专用期限至2020年4月20日。

一审判决认为：关于姓名权，争议商标的中文部分为“乔丹”。“乔丹”为美国人的姓氏，本案证据尚不足以证明单独的“乔丹”明确指向X。而且，争议商标指定使用的服装等商品与X具有影响力的篮球运动领域差别较大，相关公众不易将使用在服装等商品上的争议商标与X相联系。二审法院亦认为：即便“Michael Jordan”的中文翻译为“迈克尔·乔丹”，但“Jordan”为美国人的普通姓氏而不是姓名，故现有证据不足以证明“乔丹”确定性地指向“Michael Jordan”和“迈克尔·乔丹”。

判决要旨

最高人民法院撤销原判决，责令国家知识产权局重新作出裁定。

首先，根据本院27号案判决的认定，“乔丹”在我国具有较高的知名度，为相关公众所熟悉，我国相关公众通常以“乔丹”指代X，并且“乔丹”已经与X之间形成了稳定的对应关系，故X就“乔丹”享有姓名权。在本案争议商标的申请日前，直至2015年，X在我国一直具有较高的知名度，其知名范围已不仅仅局限于篮球运动领域，而是已成为具有较高知名度的公众人物。

未经许可擅自将他人享有在先姓名权的姓名注册为商标，容易导致相关公众误认为标记有该商标的商品或者服务与该自然人存在代言、许可等特定联系的，应当认定该商标的注册损害他人的在先姓名权。在本案中，争议商标由上方的图形与下方的“乔丹”组合而成。Y明知X在我国具有长期、广泛的知名度，仍然使用“乔丹”申请注册争议商标，容易导致相关公众误认为标记有争议商标的商品与X存在代言、许可等特定联系，损害了X的在先姓名权。

评　析

一、判决思路和意义

本案再审判决在人格权益构成在先权利的认定上，相较一、二审判决更加重视是否容易使相关公众认为标记有该商标的商品系经过该自然人许可或者与该自然人存在特定联系的。这一理解不同于一、二审判决采取的侵害姓名权的理解，而更多地体现了将姓名作为商品化权益予以保护的思路。而在采取作为民法上人格权的姓名权的理解时，在人格权益的主体、客体、损害判断等方面都呈现与人格商品化权益截然不同的构成。

二、规范及学理

将人格权益作为在先权利适用《商标法》第32条前段规定在实践中并不存在争议。而争议的焦点主要集中在对第32条前段中作为在先权利的人格权益性质的理解上。从规范上看,《最高人民法院关于审理商标授权确权行政案件若干问题的规定》(法释〔2017〕2号)第20条对姓名权采取了姓名商品化的理解,即需要满足相关公众认为该商标标志指代了该自然人,容易认为标记有该商标的商品系经过该自然人许可或者与该自然人存在特定联系的要求。

在主体方面,在人格权思维下,权益主体方面不区分名人和非名人,任何人均可主张其姓名或肖像等人格权益;在人格商品化权思维下,仅限于名人,演艺明星或体坛明星等可以享有商品化权,而不同于在人格权理论下任何自然人主体都可以享有。在人格权思维下,存续期间以死亡为终止;在人格商品化权思维下,从商业活动的持续性角度,只要商品化使用活动持续存在,人格商品化权就不罹于以死亡为终止的存续期限。在人格权思维下,对于侵害外国人人格权的案件,需要解决适用哪一国法律的问题。

在客体方面,现行法律中自然人的人格权仅限于姓名和肖像。其中,在姓名权方面,自然人所享有的姓名权并不限于其法定姓名,只要该特定名称能够与该自然人建立起稳定的对应关系,相关公众以其指代该自然人的笔名、艺名、译名等特定名称,均可成为姓名权之保护客体。人格商品化权的客体中包含自然人的姓名与肖像,几乎是毫无争议的,对于两者之外的人格要素,如声音、姿态、身体的一部分等是否包含在内,只要能够被识别为某一主体的信息,且该信息具有的顾客吸引力又可以归因于主体的知名度,就可以将其纳入商品化权客体范围。当然易于识别性如果凝结成商业信誉,通过商业标识法体系进行防止混淆或淡化性质的保护也顺理成章。

在损害的判断标准问题上，侵害姓名权的行为通常包括干涉他人使用姓名、盗用他人姓名、假冒他人姓名等。其中，侵犯他人姓名权的行为原则上应以不正当目的为要件，而非只要使用他人的姓名即当然构成侵权。所谓不正当目的，包括牟利、营私、加害于他人及规避法律等。应注意的是，对于姓名权的保护并不以权利人的知名度为保护要件，原则上，只要他人具有使用这一姓名的不正当目的，即可以认定该使用行为构成对姓名权的侵犯，而权利人是否具有知名度则通常仅是判断使用人是否具有不正当目的的因素之一。〔1〕

而在人格商品化权思维下的损害判断标准为：一是在先姓名是否具有一定知名度；二是诉争商标指定使用商品或服务所属的领域与该姓名知名的领域是否有关联；三是在诉争商标与该姓名之间是否能够使相关公众产生联想。〔2〕 主要考察相关公众是否认为该商标标志指代了该自然人，容易认为标记有该商标的商品系经过该自然人许可或者与该自然人存在特定联系的。

三、以往司法实践

对于侵害姓名权的理解，实践中，在具有知名度的情况下，很大可能会被直接认定为具有不正当目的。如在“奶茶妹妹”案中，就认定在申请注册诉争商标时，应当明知章某某对“奶茶妹妹”享有在先姓名权，故其在第30类的冰淇淋、茶饮料等商品上注册诉争商标“奶茶妹妹”的行为，具有不正当利用“奶茶妹妹”这一姓名以牟利的目的。

当然，也存在即使具有知名度的情况下，也不认定为具有不正当目的可

〔1〕 该判断标准适用于稻盛和夫案，北京知识产权法院（2017）京73行初2233号行政判决书；“KATE MOSS”案，北京市第一中级人民法院（2010）一中知行初字第534号行政判决书；奶茶妹妹案，北京知识产权法院（2016）京73行初5364号等行政判决书。

〔2〕 参见凯恩案，北京知识产权法院（2016）京73行初490号行政判决书。

能性。如稻盛和夫案就否定了存在不正当目的，其理由包括：第一，诉争商标权人作为经营者或是相关市场主体对在企业经营管理方面成绩卓著的原告应该予以知晓，但其在诉争商标申请注册时选择的为商品商标，注册类别为糖、茶、点心、零食等商品，并非选择注册涉及企业经营管理类服务商标或是使原告得以知名的通信终端设备商品商标、电话服务类服务商标。由此可见，诉争商标权人存在有意“躲避冲突”主观目的。第二，虽诉争商标权人现无法解释其申请注册商标对商标标志设计的初衷，但诉争商标申请注册的文字部分为“稻成和夫”，与原告姓名“稻盛和夫”本就存在一定区别，并且诉争商标是由文字、文字对应的拼音字母全拼 + 英文“food”、图形、颜色等组合而成。该组合经过一定的设计布局，亦有意降低了诉争商标与原告姓名“稻盛和夫”的相似度。此外，虽原告姓名本身亦非常见姓名，但对于中国相关公众而言，4 字排列组合的文字既可以是 4 字俗语，亦可以是成语或是企业单位简称等，不必然当作姓名来加以识别。

在实践中，判断是否具有不正当目的的要素还包括：是否诉争商标使用了与他人姓名相同或近似的文字；姓名是否为我国汉语词汇中的固有词汇或固定搭配；选择注册的类别是否是人格权主体得以知名的领域；在诉争商标核定使用的商品上，是否可能导致相关公众认为其与该自然人存在特定联系等。当然这些要素之间的权重判断仍然存在不明确之处。如在廷栋梦想案〔1〕中被异议商标为“廷栋梦想”，第三人的姓名为“杨廷栋”，而“廷栋”并非我国汉语词汇中的固有词汇或固定搭配。但是因为第三人曾长期担任我国知名酒类商品生产企业江苏洋河酒厂股份有限公司的法定代表人，其本人获得过多项国家级或省级荣誉，在我国酒类行业具有较高的知名度。原告在第三人从事的酒类行业商品上申请注册包含有第三人名字“廷栋”文字的被异议商标，该行为尚难以用巧合或偶然等理由进行解释，因此认定具

〔1〕 参见北京知识产权法院行政判决书，(2015)京知行初字第 549 号。

有不正当目的。在"KATE MOSS"案中，尽管无法证明 Kate Moss 本人在中国具有较高知名度，但鉴于"KATE MOSS"并非现有固定搭配的词汇，因此，除非原告能够合理解释争议商标的渊源，否则争议商标与该模特的名称构成巧合的可能性很小。

在诉争商标申请人行使自己姓名权的情况下，亦不必然意味着其享有申请注册商标的权利。如在"张学友"商标争议案[1]中，虽然作为被申请人公司人员的张学友享有姓名权，被申请人以其姓名作为商标申请注册是经其合法授权的，但被申请人以其姓名作为商标注册于衣物、衬衫等商品上，因争议商标文字与香港艺人张学友姓名相同，后者已具有一定的社会知名度，其姓名已为公众所熟知，争议商标核定使用的商品与后者所从事的演艺事业有密切联系，故在实际使用中易使消费者产生联想，将被申请人的上述商品与著名香港艺人张学友联系在一起从而发生商品来源的误认，并对著名香港艺人张学友个人声誉造成不良影响。

对于侵害人格商品化权的理解，在通常情况下，当相关公众在看到某一商标时会自然联想到某人的姓名，并认为该商标或该商标所使用商品的提供者与该人有关联时，才有可能给该人的姓名权造成损害，故在判断某一商标是否会损害他人姓名权时，应当对该姓名权人在特定领域内的知名度予以考虑(参见"RACHAEL RAY"案[2])。在此种理解下，往往以相关公众不易认为标有诉争商标的商品系经姓名权人许可或者与该创始人存在特定联系而否定侵害姓名商品化权。如"steve wynn"案[3]中的在酒店、娱乐和博彩行业知名与在中国大陆服装行业具有知名度；"Alexander Wang"案[4]中的在服装领域的知名度与在"望远镜"以及"手提电话"商品的相关公众的

---

〔1〕 参见商评字〔2003〕第1247号。

〔2〕 参见北京知识产权法院行政判决书，(2015)京知行初字第4393号。

〔3〕 参见北京市高级人民法院行政判决书，(2018)京行终1110号。

〔4〕 参见北京市高级人民法院行政判决书，(2018)京行终1982号。

认知。

四、判决的价值参考

本案再审判决明确采取了姓名商品化权的判断思维，可以预见该种思路将会对今后的类似案件产生深远的影响。但是这一判断标准并未排除作为民法上人格权的在先权利的存在与适用，而实践中也存在并行主张人格权与人格商品化权的案例，如“王泽邦”案[1]。这样在探讨人格权益作为在先权利适用《商标法》第32条前段时有必要综合分析不同性质理解下构成要件上的区别，在此方面亦有待今后相关规范进行补充。

---

〔1〕 参见北京知识产权法院行政判决书，(2017)京73行初1290号。

003

与在先权益相抵触之作品名称与角色名称的商品化权 / 张鹏

谢某某与国家知识产权局、英国阿德曼动画有限公司商标权无效宣告请求行政纠纷案 / 北京市高级人民法院行政判决书，(2020) 京行终5194号

事实概要

谢某某(一审原告、二审上诉人，以下简称X)于2013年9月16日向商标局提出第13247892号"小羊肖恩SHAUNTHESHEEP及图"商标注册申请，核定使用商品为第10类：出牙咬环；奶瓶；吸奶器；婴儿用安抚奶嘴；奶瓶阀；奶瓶用奶嘴。英国阿德曼动画有限公司(一审第三人，以下简称Y)经过多年的宣传与销售，独创的"SHAUNTHESHEEP"、"小羊肖恩"卡通人物名称及"小羊肖恩"和"小小羊提米"系列卡通形象及对应的商标、著作权作品，已经在包括中国在内的全世界范围内具有极高的知名度和商业价值。Y针对诉争商标提出无效宣告请求。X因商标权无效宣告请求行政纠纷一案，不服北京知识产权法院行政判决，提起上诉。

判决要旨

北京市高级人民法院驳回上诉，维持原判。

《商标法》第32条所指的在先权利包括当事人在诉争商标申请日之前享有的民事权利或者其他应予保护的合法权益。

在本案中，Y主张的其对"小羊肖恩"作品名称和角色名称所享有的在

先权益虽非商标评审时现行法律所明确规定的法定民事权利类型，但当作品名称或其中的人物形象及名称因具有一定知名度而不再单纯局限于作品本身，能够与特定商业主体或商业行为相结合，相关公众将其对作品的认知与情感投射于作品名称或人物名称之上，当权利人据此获得作品发行以外的商业价值与交易机会时，则该作品名称或人物形象及名称可构成适用《商标法》第32条予以保护的在先民事权益。若将上述知名作品名称或知名人物形象排斥在受法律保护的民事权益之外，允许其他经营者随意将上述标志作为自己商品或服务的标识注册为商标，并快速占领市场，不仅助长其他经营者搭便车抢注商标的行为，而且会损害正常的市场竞争秩序，这与《商标法》的立法目的相违背。因此，将知名作品名称、知名人物形象及名称作为民事权益予以保护，将鼓励智慧成果的创作激情与财产投入，促进文化与科学事业的发展与繁荣，亦符合相关法律规定及知识产权司法保护的本意。

诉争商标核定使用的“出牙咬环、奶瓶”等商品属于婴幼儿常用品，与动画片相关公众重合度较高，也是常见的少儿影视作品衍生品。诉争商标虽为图文组合商标，但其文字“小羊肖恩”为显著识别部分，该标识与“小羊肖恩”的作品名称及角色名称完全相同，在“小羊肖恩”在先具有较高知名度的情况下，若诉争商标使用在其核定商品上，易使相关公众认为该商品源于Y或者与其具有一定的关联性，产生混淆或误认，从而不正当地利用了“小羊肖恩”的知名度和影响力。

评 析

一、判决思路和意义

本案所涉及的争点在于，如何认定作品名称和角色名称的商品化权益作为《商标法》第32条中的“在先权利”所能阻却他人在后注册的范围。对于这一问题本案二审法院详尽地列举了其判断理由，具体分析这些理由及结论的妥当性对于理解本案判决的射程具有极其重大的意义。

二、规范及学理

对于在先权利的范围问题,《最高人民法院关于审理商标授权确权行政案件若干问题的意见》(法发〔2010〕12 号)第 17 条第 1 款形成了较固定的判断标准,即"对于商标法已有特别规定的在先权利,按照商标法的特别规定予以保护;商标法虽无特别规定,但根据民法通则和其他法律的规定属于应予保护的合法权益的,应当根据该概括性规定给予保护"。其中,在《商标法》中已有特别规定的在先权利包括:《商标法》第 13 条(驰名商标);第 15 条(代理人/代表人抢注被代理人/代表人的商标);第 16 条(地理标志);第 30 条(在类似商品或服务上已注册商标);第 31 条(先申请主义中的在先申请商标)以及第 32 条后段(他人在先使用并有一定影响的未注册商标)。而字号权、著作权、外观设计专利权、姓名权、肖像权以及应予保护的其他合法在先权益等属于应当根据该概括性规定给予保护的情况。

对于其他合法在先权益的范围,在实践中存在从原《民法总则》第 126 条中的"法律规定的其他民事权利和利益"(如葵花宝典案[1])、原《侵权责任法》第 2 条"等人身、财产权益"(如功夫熊猫案[2])以及从《反不正当竞争法》角度论证,其对权利与权益的列举并非穷尽,而具有开放性,目的就是及时有效地对实践中新出现的、当事人依法享有的其他合法权益提供法律保护。

商品化权益问题,除涉及将自然人姓名权或肖像权的商业化利用活动外,也存在非自然人客体的商品化问题。在功夫熊猫案[3]中,首次在判决

〔1〕 参见北京市高级人民法院行政判决书,(2018)京行终 6240 号。
〔2〕 参见北京知识产权法院行政判决书,(2015)京知行初字第 6360 号。
〔3〕 参见北京市高级人民法院行政判决书,(2015)高行(知)终字第 1973 号。

中将“商品化权”这一概念明确列为《商标法》第32条前段的“在先权利”范围，进而构成驳回注册的事由。在既有司法实践中也有否定商品化权益构成《商标法》第32条前段中“在先权利”的实践，如在梵净山案[1]中就指出：由于该权利并非法定权利，其内容亦不甚明确，且并不包含在法律规定的在先权利的范围之内。北京市高级人民法院《商标授权确权行政案件审理指南》第16条第18款指出：“在法律尚未规定‘商品化权益’的情况下，不宜直接在裁判文书中使用‘商品化权益’等称谓”。尽管如此，并不影响实践中在实质上认定诸如角色名称、作品名称、乐队名称、节目名称等之上的商品化权益（如在“BEATLES”案[2]中就指出，“商品化权”无明确规定，称为“商品化权益”并无不可）。

在商品化权益的法律依据上，更多是从反不正当竞争的角度对具体的行为予以规制，并不意味着在现有法律规定之外创设新的民事权利或民事权益。《反不正当竞争法》在对不正当竞争行为予以规制的同时，必然使受到该不正当竞争行为影响的其他经营者或者包括著作权人在内的其他民事主体享受到反射性的利益，这种法律上的利益是反不正当竞争法在对相关行为予以调整的过程中产生的，属于原《民法总则》第126条规定的民事权益。

在《最高人民法院关于审理商标授权确权行政案件若干问题的规定》第22条中规定：“对于著作权保护期限内的作品，如果作品名称、作品中的角色名称等具有较高知名度，将其作为商标使用在相关商品上容易导致相关公众误认为其经过权利人的许可或者与权利人存在特定联系”。该要件特别强调了“著作权保护期限内”的限制条件，而在《商标授权确权行政案件审理指南》第16条第20款中将商品化权益的构成要件可以归纳为：“保护对象”

---

[1] 参见北京市第一中级人民法院行政判决书，(2010)一中知行初字第430号。

[2] 参见北京市高级人民法院行政判决书，(2015)高行(知)终字第752号。

为作品名称、作品中的角色名称等;在诉争商标申请日前,“保护对象”应具有一定知名度;诉争商标的申请注册人主观存在恶意;诉争商标标志与“保护对象”相同或者相近似;诉争商标指定使用的商品属于“保护对象”知名度所及的范围,容易导致相关公众误认为其经过“保护对象”利益所有人的许可或者与利益所有人存在特定联系。

三、以往司法实践

在司法实践中,一般将非自然人客体的商品化权的客体区分为作品名称与角色名称。其中,否定对于非自然人客体的商品化权给予保护的理由一般均主要考察:诉争商标指定使用的商品属于“保护对象”知名度所及的范围,容易导致相关公众误认为其经过“保护对象”利益所有人的许可或者与利益所有人存在特定联系。

如在天线宝宝案[1]中法院就指出:判断被异议商标的申请注册是否损害他人在先的知名商品(服务)特有名称、知名角色名称、知名电视节目名称等民事权益,其关键在于判断将与该知名商品(服务)特有名称、知名角色名称、知名电视节目名称相同或者近似的名称作为商标使用在相关商品上是否容易导致相关公众误认,包括误认为该使用经过在先权利人的许可或者与在先权利人存在特定联系。相关公众误认的可能性越大,在先权益受保护的范围就应越大。为此,需要着重考虑如下因素:在先权益相关标志的知名度和显著性;在先权益相关标志与被异议商标标志的近似程度;在先权益涉及的商品或者服务与被异议商标指定使用的商品或者服务的类似程度;在先权益相关标志实际许可使用的情况可以作为重要参考;相关公众的重合程度与注意程度等。在本案中,知名商品(服务)特有名称、知名卡通人物角色名称、知名电视节目名称等虽具有较高知名度和显著性,但是上述在先

---

〔1〕 参见最高人民法院行政裁定书,(2017)最高法行申5998号。

权益所涉领域主要是婴幼儿教育、文娱出版等领域，与被异议商标指定的空气清新剂、杀害虫剂、杀昆虫剂、蚊香、哺乳用垫等相距较远，相关公众重合程度不高。

在功夫熊猫案中，法院亦指出：电影作品衍生品已涵盖了多类商品，但商品化权的保护范围并不当然及于全部商品和服务类别，仍应根据诉争商标指定使用的商品或服务与电影衍生商品或服务是否密切相关，是否彼此交叉或者存在交叉可能，容易使诉争商标的权利人利用电影的知名度及影响力获取商业信誉及交易机会，从而挤占了知名电影权利人基于该电影名称及其人物形象名称而享有的市场优势地位和交易机会等因素进行综合判断。

四、判决的价值参考

在作品名称和角色名称的商品化权益被确认为《商标法》第 32 条中的在先权益后，接下来的问题就是如何确定其阻却的范围。商品化权益并不像其他在先权利那样具有广泛的阻却效力，而是仅在相关公众在相关商品或服务上容易导致误认的范围内享有阻却的权益。本案认定的“诉争商标核定使用的‘出牙咬环、奶瓶’等商品属于婴幼儿常用品，与动画片相关公众重合度较高，也是常见的少儿影视作品衍生品”就是在此思路下作出的判断。

004

注册环节商标近似性判断时对市场因素的考察 / 郑悦迪

江苏洋河酒厂股份有限公司与江苏蓝之蓝酒业股份有限公司、国家知识产权局商标权无效宣告请求行政纠纷案/**最高人民法院行政判决书，(2019)最高法行再261号**

事实概要

江苏蓝之蓝酒业股份有限公司(一审原告、二审上诉人,以下简称X)于2009年5月申请注册了"蓝之蓝及图"商标(以下简称诉争商标),该商标核定使用在第33类商品上。江苏洋河酒厂股份有限公司(一审第三人、二审第三人,以下简称Y)分别于2004年9月和2003年6月在第33类商品上申请注册了"梦之蓝"商标(以下简称引证商标一)、"海之蓝"商标(以下简称引证商标二)以及"天之蓝"商标(以下简称引证商标三)。2014年8月13日,Y就诉争商标的注册向原国家工商行政管理总局商标评审委员会提出无效宣告请求,其主要理由之一是诉争商标与引证商标一、二、三在文字构成、含义等方面近似,双方商标核定使用的商品属于类似商品,诉争商标的注册和使用极易造成相关公众的混淆误认。商标评审委员会作出裁定认为,诉争商标与引证商标一、二、三构成使用在同一种或类似商品上的近似商标,诉争商标予以无效宣告。

X就该商标无效宣告裁定向北京知识产权法院提起诉讼,请求法院撤销被诉裁定,判令重新作出维持诉争商标的裁定。一审法院驳回X的诉讼请求。X不服,以诉争商标由其独创,具有极强的显著性,与引证商标区别明显,不构成近似作为主要理由之一,向北京市高级人民法院提起上诉。二审法院认为，X 的相关上诉理由成立，予以支持，撤销一审判决；撤销被诉裁定；商标评审委员会重新作出裁定。之后，Y 向最高人民法院申请再审。

判决要旨

最高人民法院撤销北京市高级人民法院（2017）京行终 2267 号行政判决；维持北京知识产权法院（2016）京 73 行初 3753 号行政判决。

对近似商标的认定，应以相关公众的一般注意力为标准，既要进行商标的整体比对，又要进行商标主要部分的比对。同时，判断商标是否近似应当考虑引证商标的显著性和知名度。诉争商标的使用情况以及使用人的主观恶意也可以作为判断商标近似的考虑因素。此外，最高人民法院在本案的判决中明确肯定诉争商标与引证商标形成相互区别的市场格局，可以作为判定商标近似性的考量因素之一，对此应当由主张不构成近似商标的一方当事人举证证明。需要指出的是，关于市场格局应当以商标申请时的情况为准，在后使用的情况可以作为参考。再审被申请人 X 提供的发票所证明的交易仅发生于特定的利害关系人之间，且数量少，部分与本案争议无关，不足以证明存在相互区别的市场格局。

评　析

一、判决思路和意义

本案中，最高人民法院认定诉争商标与引证商标构成近似商标遵循了商标近似性判断的基本方法和标准。除从一般注意力的相关公众视角，分别采用整体比对和要部比对的方法之外，还考虑了请求保护注册商标的显著性和知名度。另外，最高人民法院在判定商标近似性的过程中，基于商标法鼓励实际使用的宗旨，以及对注册商标持有人或使用人的真实意思的考察，将诉争商标的实际使用情况作为判断商标是否构成混淆性近似的重要因素。诉争商标与引证商标是否形成了相互区别的市场格局在此前不少案件中也被作为商标近似性判断的考量因素，本案判决在此基础上，进一步明确纳入评价范围的市场格局以商标申请时的情况为准，即按照相关证据材料倒推当时的事实，在后的使用情况仅作为参考，不具有决定作用。

商标近似性判断时对于市场因素的考量可以体现在两个方面：一是作为直接因素，考虑诉争商标与引证商标各自的市场格局情况。二是作为间接因素，考虑请求保护的注册商标的显著性和知名度时，仍然会涉及其市场信誉的评价；考虑诉争商标的实际使用情况，还有赖于市场宣传策划活动或销售经营情况等具体证据的支撑。故此，本案判决对于明确如何在司法实践中将市场情况作为商标近似性判定的考量因素具有典型意义。

二、商标近似性判断规范及学理

我国《商标法》第 30 条规定，申请注册的商标，凡不符合本法有关规定或者同他人在同一种商品或者类似商品上已经注册的或者初步审定的商标相同或者近似的，由商标局驳回申请，不予公告。商标法意义上的近似商标是指诉争商标与引证商标相比较，其文字的读音、含义或者图形的构图及颜色，或者其各要素组合后的整体结构相似，或者其立体形状、颜色组合近似，易使相关公众对商品的来源产生误认或者认为其来源与引证商标的商品有特定的联系。《商标审查审理指南》(2021)以及《最高人民法院关于审理商标民事纠纷案件适用法律若干问题的解释》均对商标近似性判定的原则和方法作出了大致相同的规定。[1]

---

〔1〕 判断商标相同或者近似时，首先应认定指定使用的商品或服务是否属于同一种或者类似商品(服务)；其次应从商标本身的“形、音、义”和整体表现形式等方面，以相关公众的一般注意力和认知力为标准，采用隔离观察、整体比对和要部比对的方法，判断商标标志本身是否相同或者近似。同时考虑商标本身的显著性、在先商标知名度等因素是否易使相关公众对商品或服务的来源产生混淆。

总的来讲，商标近似性判断可以分为两个步骤：第一步，判断商标标志本身是否相同或者近似；第二步，结合多种考量因素，判定商标是否容易使相关公众对商品或者服务的来源产生混淆，其中也涉及市场因素的考察。在商标近似性判断过程中考虑请求保护注册商标的显著性和知名度，目的在于为特定市场中具有驰名度的注册商标，给予与其驰名度相适应的强度较大的法律保护，从而有利于激励市场竞争的优胜劣汰，防止他人不正当攀附权利人的商誉，鼓励正当竞争和净化市场秩序。[1] 一般认为，商标法保护的并不是商业标记本身，而是通过商标的实际使用而产生的商誉，[2]如创新性宣传、促销活动以及在市场上提供物美价廉的商品等诚实信用的商业行为。因此，商标实际使用的情况应当作为商标注册合法性考量的要素，从根源上防范和制止商标注册人通过弱化注册商标的差异来侵害他人商标权。而且诉争商标在市场上的实际使用情况也反映了商标申请人或注册人的真实意图，正如本案中X对诉争商标的实际使用，证明了其受让诉争商标的真正意图是尽可能地接近引证商标，使二者的界限更加模糊，所以法院判定二者构成混淆性近似。

将市场格局作为判定商标近似与否的考量因素并非本案判决的首创之举，事实上"市场格局论"最早用于解决商标共存问题，在这类案件中由于不存在恶意注册或使用的情况，通常不会与商标法的立法精神产生冲突。然而，司法实践中出现了"市场格局"因素适用异化的现象，以注册之后甚至纠纷审理时的市场现实状况作为"市场格局"的评判标准，据此认定诉争商标与引证商标不构成近似商标，从而削弱了对于违反诚实信用原则的恶意注册行为的追责力度。鉴于"市场格局论"引起的扰乱商标法律秩序的乱象，有学者提出两种解决思路：一是商标近似性判定或者其他商标法适用问题

〔1〕 参见黄晖：《商标法》，法律出版社2016年版，第135页。

〔2〕 参见李明德：《知识产权法》，法律出版社2014年版，第199页。

上，彻底摒弃“市场格局论”，不再将市场格局作为考量因素之一；二是在严格限制适用条件的前提下，继续保留“市场格局论”。[1] 最高人民法院在本案的判决中正是对理论界关注的焦点问题作出了回应。

三、以往司法实践

在以往的司法实践中，的确曾出现过片面强调市场格局因素对于商标近似性判断之作用的情况。例如，在“BOSSSUNWEN”案[2]中，最高人民法院再审裁定认为，虽然三个引证商标在服装类商品建立了较高的市场声誉，具有相当的知名度，但是诉争商标在获准注册后，商标持有人通过大量的宣传，使诉争商标在中国内地（大陆）范围内亦被相关公众熟知，同样获得了一定的知名度。同时，考虑到诉争商标与引证商标的标识存在差异，因此认定两商标持有人在服装等同类商品上均已形成了各自相互区别的市场格局，相关公众不会对商品来源发生混淆，也不会误认为使用诉争商标的商品与使用引证商标的商品存在特定联系。在“卡斯特”案[3]中，作为企业字号使用的“张裕卡斯特酒庄”“张裕 · 卡斯特酒庄”与“卡斯特”商标是否构成商标法意义上的近似是该案的争议焦点。法院考虑了张裕卡斯特注册企业字号时的主观意图、对于该企业字号的实际使用情况，以及“张裕卡斯特酒庄”与“卡斯特”代表的产品已经形成了相区别的市场格局等因素，判定二者不构成近似。然而，该案判决并没有围绕“张裕卡斯特”的市场格局形成时间展开论证。从以上案件可以看出，司法认定使用争议商标的商品与使用引证商标的商品建立了各自的市场格局主要是依据商标的知名度和显著性。总之，在商标近似与否的判定环节，市场格局因素是在商标知名度和显著性

---

〔1〕 参见张伟君、张韬略：《“市场格局论”之辨析（下）》，载《电子知识产权》2017 年第 3 期。

〔2〕 参见最高人民法院行政裁定书，(2019) 最高法行申 8747 号。

〔3〕 参见最高人民法院民事裁定书，(2016) 最高法民申 351 号。

因素的基础上衍生出来的。

细化和限制市场格局因素在商标近似性判断中的适用已经成为最近的司法审判趋势。例如,在“喜之郎”案[1]中,法院认为虽然喜之郎公司提交了相关证据,拟证明其在第29类商品上已经使用诉争商标,并已形成稳定市场,足以使相关公众将其与各引证商标相区分,但其所提交的关于诉争商标使用情况的证据不涉及第29类商品。而且大部分使用证据显示的商标标识不同于诉争商标标识,因此否定了证据的证明力,同时考虑到诉争商标与各引证商标在音、形、义和整体构造上较为相似,判定它们构成近似商标。在“miFo”案[2]中,法院更是在考察诉争商标的实际使用情况时,明确指出证据中体现的获奖、排名等情况,相当一部分形成于本案商标纠纷发生之后。由于不符合市场格局形成的时间节点要求,对于这部分证据不予采信,其他证据不足以证明相关公众可以将诉争商标与各引证商标相区分。可见,已有司法实践已逐渐理性回归了商标近似性判断的基本原则和方法。

四、判决的参考价值

本判决进一步限制了考量诉争商标与引证商标各自市场格局的时间节点,即以诉争商标申请注册时的情况为准,对此仍然是依靠与商标实际使用情况和知名度有关的证据予以证明,从而有效规制攀附他人商标知名度的“搭便车”行为。本案判决还指出,在后使用的情况可以作为认定市场格局的参考。这句话给将来的司法实践带来了新的困惑。具体来讲,“参考”诉争商标申请注册后的使用情况虽然增强了商标近似性判断的灵活性,但是针对什么样的后续使用情况可以予以参考,在何种程度上参考,以及参考认定与“以商标申请时的情况为准”进行认定存在何种适用关系等操作层面的

---

[1] 参见最高人民法院再审行政裁定书,(2020)最高法行再71号。
[2] 最高人民法院行政裁定书,(2019)最高法行申13491号。

问题还存在较大的不确定性,不利于提高商标近似制度的可预期性。最高人民法院有必要通过发布司法解释、意见或者指导案例等不同形式就上述问题给出更加清晰的回答。

005

共存协议作为商标混淆可能性判断的排除性事由 / 张传磊

广东哈士奇制冷设备有限公司与木星工业有限公司等商标权无效宣告请求行政纠纷案 / 北京市高级人民法院行政判决书，(2019)京行终10145号

事实概要

诉争商标为第9332936号“哈士奇”商标，由广东哈士奇制冷设备有限公司(一审原告、二审上诉人、以下简称X)于2011年4月13日申请，并于2012年4月27日获准注册，核定使用的商品为第11类的冰箱；冷藏展示柜(展示柜)；冷冻设备和装置；冷藏室；冷冻机；冰柜等(类似群1105)。

引证商标为第G924870号“HUSKY The Original Cool Ideas Co.”商标，由木星工业有限公司(原审第三人、以下简称Y)于2008年5月14日经国际注册方式注册，核定使用的商品为第11类的冷冻机；冷藏室；制冰机；冷藏展示柜等(类似群1104－1107、1110－1111)。

原国家工商行政管理总局商标评审委员会于2017年7月31日作出商评字〔2017〕第94405号《关于第9332936号“哈士奇及图”商标无效宣告请求裁定书》(以下简称被诉裁定)，认定诉争商标与引证商标构成使用在同一种或者类似商品上的近似商标，诉争商标的注册违反2001年修正的《商标法》第28条规定，并对裁定对诉争商标予以无效宣告。

北京知识产权法院作出如下认定：一方面，诉争商标的显著部分“哈士奇”与引证商标的显著部分“HUSKY”在呼叫、含义具有较强的对应性，故标

志本身存在一定的近似性；另一方面，Y 提交的公证书显示，X 在其官网及网络销售平台上均将诉争商标与引证商标配合使用，容易使相关公众形成诉争商标与引证商标同一来源的印象，据此判决维持被诉裁定。

北京知识产权法院同时指出：X 在起诉理由中强调其为宣传推广诉争商标付出巨大心血，Y 因合作破裂而提起无效宣告商标的行为，属于违反诚实信用原则。根据查明事实，X 申请诉争商标之时，Y 为该公司股东。倘若 X 能够证明其申请诉争商标系经 Y 同意，则从维护诚信和增进信赖的角度出发，不宜简单认定诉争商标的注册损害 Y 在先商标权利，否则对于 X 而言有失公允。但根据在案证据尚难以认定前述事实存在，且 Y 对此明确予以否认。

X 不服一审判决，向北京市高级人民法院提出上诉。X 在二审阶段提交了包括 X 与 Y 在内的相关公司于 2020 年 3 月 7 日签订的和解协议。Y 在二审阶段提交了其与 X 签订的经过公证认证的商标共存同意书，载明：Y 同意 X 的第 9332936 号“哈士奇”商标与其第 G924870 号“HUSKY”商标在中国内地（大陆）共存，该内容是其真实意思表示。

判决要旨

北京市高级人民法院撤销一审判决和被诉裁定，国家知识产权局就诉争商标重新作出裁定。

商标共存协议对于判断混淆可能性具有价值。一方面，诉争商标与引证商标是否构成近似商标，两者并存是否会造成相关公众的混淆、误认，各引证商标的注册人作为直接利害关系人较其他相关公众而言更为关切。另一方面，商标共存协议体现了引证商标注册人对其所享有的商标权部分权利空间的让渡和处分，符合商标权的私权属性和意思自治原则。二审判决同时明确了商标共存协议作为排除混淆可能性参考因素的条件，即诉争商标标志与引证商标标志存在差异，而且没有其他证据证明诉争商标与引证商标共存足以导致相关公众对商品来源产生混淆。

具体到本案中,虽然诉争商标的显著文字"哈士奇"与引证商标的显著文字"**HUSKY**"呼叫、含义等方面具有一定的对应性,但二者在文字构成、整体视觉效果上亦存在一定差异。**Y** 与 **X** 签订的商标共存同意书足以证明 **Y** 同意诉争商标在核定使用的商品上维持注册。鉴于商标共存同意书是二审中的新证据,因此二审判决撤销一审判决和被诉裁定,由国家知识产权局针对诉争商标的无效宣告重新作出裁定。

评 析

一、判决思路和意义

本判决首先确认了商标共存协议在商标行政程序中的价值。一方面,商标共存协议是判定是否会造成相关公众混淆的重要参考,这是因为原则上引证商标的注册人相较其他公众更加关注诉争商标与引证商标是否近似。从一定程度来说,引证商标的权利人出于对己方商标权的保护,在判断近似、混淆时的标准可能比相关公众更加严格。因此,商标注册人认为诉争商标和引证商标不近似或不会造成混淆的文书,将是认定混淆与否的重要参考。另一方面,并非引证商标的权利人出具了共存协议,行政机关、司法机关就必然要认定不近似、不混淆。本案二审判决明确,基于商标共存协议判定不会造成相关公众混淆的前提,是诉争商标与引证商标标志存在差异,而且没有其他证据证明诉争商标与引证商标共存足以导致相关公众对商品来源产生混淆。换言之,对于那些近似度较高的商标,以及有证据证明足以导致相关公众混淆的商标,即使引证商标的权利人出具了共存协议,也不足以使诉争商标获得或维持注册。

二、相关规范、学理与司法实践

商标权虽然涉及公共利益,但是其实本质仍旧是私权利的范畴,因此民法的基本原理如诚实信用、意思自治等同样适用于商标权的获得或者维持,故而商标权人基于自己的判断,同样可以对自己的权利作出限制,这是对处分权的正当行使。但是,基于诚实信用等民法基本原则,如果权利人行使处分权,可能影响公共利益,那么此时私权就需要向公共利益做出一定的让步。对于商标法律实践而言,如果两枚商标的共存很可能造成相关公众混淆,那么此时这两枚商标的私权利就触及了公共利益,因此需要被限制。具体来说,就是在后商标可能无法获得注册或者无法维持注册。

基于上述原理,《北京市高级人民法院商标授权确权行政案件审理指南》(以下简称《指南》)就"共存协议"作了详细的规定。《指南》第 15.10 条明确了共存协议的性质:"判断诉争商标与引证商标是否构成近似商标,共存协议可以作为排除混淆的初步证据"。第 15.11 条则对共存协议的形式要件进行了规定,要求协议真实、合法、有效,采用书面形式、载明诉争商标的具体信息、原则上不得附条件或附期限,不得损害国家、社会或第三人的利益、权益。

《指南》第 15.12 条第 1 款、第 2 款明确了共存协议的效力:对于相同或类似商品上相同、基本相同的商标,"不能仅以共存协议为依据,准予诉争商标的注册申请";对于相同或类似商品上的近似商标,在无其他证据证明诉争商标与引证商标的共存足以导致相关公众对商品来源发生混淆的情况下,可以基于共存协议认定诉争商标与引证商标不构成近似商标。

共存协议实际上是引证商标权利人对自身权利的处分,基于诚实信用原则,诉争商标的注册人此时有权利要求引证商标的权利人禁止反言。基于此,《指南》第 15.12 条第 3 款明确:"引证商标权利人出具共存协议后,以诉争商标与引证商标构成近似商标为由，提起不予注册异议或者请求无效宣告的，不予支持，但该协议依法无效或者被撤销的除外”。

以往的司法实践多遵循上述《指南》的规定。如上所述，排除适用共存协议的场景主要是商标相同、基本相同或者高度近似容易导致混淆的场景。有法律实务工作者从案例中总结了具体情形，包括：诉争商标与引证商标的整体外观基本相同或完全相同；诉争商标与引证商标在文字构成上仅有一字之差；诉争商标与引证商标具有完整包含关系，且商标显著识别部分完全相同。〔1〕

三、判决的参考价值

本案为无效宣告程序中商标共存协议的适用提供了具有价值的先例。由于无效宣告案件一般是由引证商标权利人主动发起，因此在裁定作出前，引证商标权利人可以通过撤回无效宣告申请的方式，终结无效宣告的程序。就本案而言，由于各方当事人是在案件一审判决后才最终达成和解，因此需要通过商标共存协议在行政诉讼中维持诉争商标的有效注册。

当下的商标法律实践中，更加值得关注的是驳回复审及后续行政诉讼程序中适用商标共存协议的问题。就驳回复审程序而言，国家知识产权局主动引证了在先商标，而在先商标权利人与在后商标申请人之间较少存在“积怨”。因此，在有的情况下，在先商标权利人更有可能出具共存同意书以帮助在后商标的申请人克服障碍。在此前的商标审查实践中，对于非“相同或基本相同”的商标，国家知识产权局基于在先商标权利人出具的共存协议或同意书，可以核准在后商标的注册。

但是，2021 年下半年以来，国家知识产权局在驳回复审程序中日益降低

---

〔1〕 参见王杨、钱多多：《商标共存协议的最新审查风向及认定标准的些许探讨》，载微信公众号“知产力”2021 年 11 月 24 日，https://mp.weixin.qq.com/s/wTnipkrywRnxnsPJk2zn1Q。

对商标共存同意书的接受度。在商评字〔2021〕第314047号《关于第48861358号“CFI CREDIT FINANCIER INVEST及图”商标驳回复审决定书》中，该局明确提出：“另外，申请人并未提交其与引证商标二的共存协议，且即使提交与引证商标二的共存协议，我局对商标共存同意书亦不予认可。”国家知识产权局在该决定书中对商标共存同意书持几乎不认可的态度。有实务工作者也总结了2021年7月至2021年9月国家知识产权局作出的驳回复审裁定的情况，得出的结论是“国知局自今年9月份开始，在驳回复审案件中，对商标共存协议基本不予采信”。[1]

从商标驳回复审程序而言，国家知识产权局引证某一在先商标，即意味着该局认为诉争商标和引证商标的共存很可能导致相关公众混淆。因此，国家知识产权局上述新的倾向表明其作为行政机关，在商标权私权利和公共利益之间，开始更加倾向于形式性的公共利益(因为共存后是否真的会混淆不得而知)。当下，司法机关对于国家知识产权局的做法未置可否，后续共存协议在我国商标授权确权程序特别是驳回复审程序中的地位、作用如何变化，值得关注。

---

〔1〕 参见王杨、钱多多:《商标共存协议的最新审查风向及认定标准的些许探讨》，载微信公众号“知产力”2021年11月24日，https://mp.weixin.qq.com/s/wTnipkrywRnxnsPJk2zn1Q。

006

注册环节商标近似性判断之地理标志集体商标 / 郑悦迪

浙江四贤茶业有限公司等与国家知识产权局商标权无效宣告请求行政纠纷案 / **北京市高级人民法院行政判决书,(2019)京行终9717号**

事实概要

浙江四贤茶业有限公司(原审原告,以下简称X)于1998年在第30类商品(茶;茶叶;茶叶代用品)上申请注册了由文字“黄汤”和对应拼音“HUANGTANG”及图形构成的商标。2015年,平阳县茶叶产业协会(原审第三人,以下简称Y)在第30类商品(茶)上申请注册了地理标志证明商标,该商标标识由文字“平阳黄汤”和对应拼音“PINGYANGHUANGTANG”及图形组成。

而后X就“平阳黄汤”地理标志证明商标向原国家工商行政管理总局商标评审委员会提出无效宣告请求,理由之一是Y申请注册的地理标志证明商标与其持有的“黄汤”商标构成近似商标,商标评审委员会经裁定对此商标予以维持。X不服裁定,遂向北京知识产权法院提起诉讼,法院驳回了X的诉讼请求。X不服原审判决,向北京市高级人民法院提起上诉,请求撤销原审判决和被诉裁定,责令国家知识产权局重新作出裁定,其主要上诉理由之一是诉争商标与引证商标显著识别部分均为“黄汤”,共存市场易导致相关公众产生混淆和误认,两商标构成近似商标。

判决要旨

北京市高级人民法院驳回上诉,维持原判。

二审法院认为,关于地理标志商标与普通商标的近似性判断,一般而言,地理标志集体商标或者证明商标申请注册在后，普通商标申请在前，应当结合地理标志客观存在情况及其知名度、显著性、相关公众的认知等因素，判断是否容易造成相关公众对商品或者服务来源产生混淆；若地理标志集体商标或者证明商标申请在前，普通商标申请在后，可以从不当攀附地理标志知名度的角度，判断是否容易造成相关公众对商品或者服务来源产生混淆。

诉争商标作为地理标志证明商标，虽然与引证商标均由文字、对应拼音和图形构成，但是两商标的图形部分完全不同；即使该地理标志证明商标完整包含了引证商标的文字部分“黄汤”，然而“黄汤”使用在茶叶商品上，特指一种黄茶称谓，其显著性较弱，“平阳”作为诉争商标的起首文字，增加了与引证商标的区分度，因此诉争商标与引证商标在文字构成、图形构造、整体视觉效果等方面均具有一定差异。此外，“平阳黄汤”地理标志证明商标经过长期使用已具有一定的知名度，能够与引证商标的市场认知区别。再者，地理标志证明商标与普通商标的功能定位不同，前者用于表明商品的质量等特定品质与地理来源地的自然条件及人文因素之间的关联性，后者用于识别商品来源。综上，二审法院认定诉争商标与印证商标不构成近似商标。

评 析

一、判决思路和意义

本案涉及地理标志商标与普通商标的近似性判断，二审法院首先按照地理标志商标与普通商标申请注册时间的先后顺序，确立了判断混淆可能性的不同角度和考虑因素。具体来讲，若普通商标注册在先，地理标志集体商标或者证明商标注册在后，则在商标混淆可能性常规判断方法的基础上，侧重于考察地理标志客观存在的情况、知名度以及相关公众的认知，同时强调了地理标志商标与普通商标在功能定位上的区别。若地理标志集体商标或者证明商标申请在前，普通商标申请在后，则从“搭便车”等不正当竞争行为的角度，认定是否容易造成相关公众对商品或者服务来源产生混淆。可见,上述两种情形适用的法律依据不同,第一种情形主要在商标法框架下解决商标近似性的问题;第二种情形是从反不正当竞争法的视角保护地理标志。

本案判决的意义在于实质上强化了对于地理标志的保护。虽然诉争商标申请注册的时间晚于引证商标,但是“平阳黄汤”地理标志在引证商标申请注册之前已经实际存在,并且在相关公众中具有较高的美誉度,因此 X 提出的诉争商标申请在后故应合理避让的上诉主张不予支持。由此可知,在司法实践中,地理标志与普通商标发生冲突时,并非完全依据申请注册商标的时间区分二者的先后顺序,对于地理标志还需要考察其在历史上的使用情况。另外,原产地和产品名称的组合是地理标志的主要表现形式之一,如本案涉及的“平阳黄汤”,还有“金华火腿”“库尔勒香梨”等。本案判决同时明确了将产品称谓作为引证商标标识的构成要素,其显著性较弱,而原产地名称作为地理标志证明商标的组成部分,可以增加与这种引证商标的区分度,无论是从商标标志的构成要素看,还是从商标整体效果看,两商标均不构成近似商标。

二、地理标志证明商标或集体商标与普通商标的近似性判断规范及学理

我国《商标法》第 30 条规定,申请注册的商标,凡不符合本法有关规定或者同他人在同一种商品或者类似商品上已经注册的或者初步审定的商标相同或者近似的,由商标局驳回申请,不予公告。据此,商标局在注册审查阶段,应当确定申请案中商标与他人已经注册的商标或已经初步审定的商标是否相同或者近似。而且商标近似也是申请宣告商标无效的相对理由之一。2021 年国家知识产权局发布的《商标审查审理指南》下编第五章“释义”部分规定,商标近似是指文字、图形、字母、数字、三维标志、颜色组合和声音等商标的构成要素在发音、视觉、含义或排列顺序等方面虽有一定区

别，但整体差异不大。文字商标的近似应主要考虑“形、音、义”三个方面，图形商标应主要考虑构图、外观即着色；组合商标既要考虑整体表现形式，还要考虑显著部分。具体判断时，应以相关公众的一般注意力和认知力为标准，采用隔离观察、整体对比和要部对比的方法，判断商标标志本身是否相同或近似。[1] 此外，2010 年《最高人民法院关于审理商标授权确权行政案件若干问题的意见》第 16 条也作出要求，人民法院认定商标是否近似，既要考虑商标标志构成要素及其整体的近似程度，也要考虑相关商标的显著性和知名度、所使用商品的关联程度等因素，以是否容易导致混淆作为判断标准。可见，商标近似性的判定，除了要分析商标标志本身是否相近似以外，还需要考虑混淆可能性，一般消费者是否容易产生混淆是商标近似性判断的最终落脚点，二者之间相互交叉、重叠，并无完全独立的明确界限。

在我国，地理标志的保护模式既可以申请注册为集体商标或者证明商标，也可以向国家知识产权局或者农业农村部申报，批准登记为地理标志产品或者农产品地理标志。关于地理标志商标近似性判断是否完全遵照普通商标近似性判断的方法和标准，学界存在不同的观点。鉴于地理标志证明商标与商品商标，在商标标志的构成，特别是商标的功能和作用等方面存在实质性差异，有学者提出不应将二者进行近似性对比的观点。[2] 还有学者认为由于商标保护与地理标志保护所依据的理论基础有所区别，制定地理标志专门法的同时，在商标法体系下仅赋予地理标志相当于一般证明商标或集体商标的保护方式和保护强度。[3] 换言之，在商标近似性判断问题上，地理标志集体商标或证明商标无异于普通商标。与之相反，也有观点表示赞同本案判决的思路，认为由于地理标志的形成通常经过历史的长期积累，

---

〔1〕 参见国家知识产权局《商标审查审理指南》(2021)下编第五章 2、3。

〔2〕 参见周波：《地理标志证明商标不应与商品商标进行近似性比对——“恩施玉露 ENSHIYULU 及图”商标异议复审行政案评析》，载《科技与法律》2014 年第 2 期。

〔3〕 参见王晓艳：《论我国地理标志的保护模式》，载《知识产权》2019 年第 11 期。

在申请商标注册时已经承载了一定的市场知名度，蕴含了较大的经济利益，与普通商标相比，该权利客体具有一定的特殊性。为了推动地区特色经济的发展，对地理标志商标近似性进行判断时，有必要对商标法中的相关标准进行调整变通。[1]

三、以往司法实践

针对地理标志集体商标或证明商标与商品商标近似性判断的正当性问题，我国法院经历了一个从否定到变通性接纳的转变过程。起初，在“恩施玉露”案[2]中，法院认为涉案证明商标的主要识别部分是作为地理标志存在的“恩施玉露”，它与引证商标（“玉露及图”商标）在商标标志的构成要素、读音、含义、整体外观等方面均有较大差异。更重要的是，因地理标志证明商标与商品商标、服务商标具有不同的功能，不应将它们进行近似性对比。然而，对于特殊对待包含地理标志在内的集体商标和证明商标的做法有悖于商标法的基本原理，正如最高人民法院在“蓝牙”证明商标案中所指出的那样：“虽然《商标法》第3条第3款对证明商标的申请主体、使用主体及基本功能作出了规定，但其作为注册商标的一种类型，应当符合注册商标的一般性规定”。[3]

此后，法院对判定地理标志集体商标或证明商标与普通商标近似性问题的思路也作出了修正。在“泰山绿茶”案[4]中，法院认为虽然引证商标“泰山绿”申请注册在先，争议商标“泰山绿茶及图”地理标志证明商标申请注册在后，但是一方面，由于“泰山绿”在“茶”商品上缺乏显著性，消费者不

---

〔1〕 参见李海涛：《地理标志商标近似性判断的审理思路——评析浙江四贤茶业有限公司与国家知识产权局、平阳县茶叶产业协会商标权无效宣告请求行政纠纷案》，载搜狐网2020年5月7日，https://www.sohu.com/a/393592329_221481。

〔2〕 北京市高级人民法院行政裁定书，（2013）高行终字第1201号。

〔3〕 最高人民法院行政裁定书，（2016）最高法行申2159号。

〔4〕 参见北京市高级人民法院行政裁定书，（2017）京行终5225号。

容易对争议商标与引证商标产生混淆和误认；另一方面，争议商标是以地名“泰山”加商品名称“绿茶”及图的形式作为地理标志证明商标申请注册的，符合《商标法》有关规定，因此“泰山绿茶”地理标志证明商标与“泰山绿”商标不属于近似商标。在“永安吉山老酒”案[1]中，法院同样将行政部门对地理标志的认定视作对已形成的客观事实的事后确认。尽管“永安吉山老酒”地理标志证明商标申请注册时间晚于诉争商标“吉山红”的注册时间，但是在此之前，“吉山老酒”已经构成黄酒商品上的地理标志，吉山红公司作为同业经营者理应知晓“吉山老酒”与“吉山红”存在一定对应关系，构成不当攀附地理标志知名度的行为。由此可知，目前国内法院已经形成了区分地理标志证明商标与商品或服务商标客观存在或申请注册的先后顺序，从不同的角度出发，判断二者是否构成近似商标，是否具有混淆可能性的进路。

四、判决的参考价值

本判决综合以往类案判决的可取之处，进一步明确了地理标志商标近似性判断的审理思路，其重要参考意义主要体现在以下几个方面：(1)肯定地理标志集体商标或证明商标属于商标法统一调整的商标，仍然要遵循商标法关于近似性判断的基本规则，以防止一般消费者的混淆或误认为目的。(2)对于地理标志商标，解释和适用“申请在先，权利在先”的商标法原理时，应考虑地理标志的历史形成和客观存在情况，及其知名度与相关公众的认知，进行灵活变通。(3)如果普通商品商标标识中包含了指示商品称谓的元素，该商标在特定商品类别上往往显著性较弱，甚至缺乏显著性，而地理标志一般采取“原产地名称 + 商品名称”构成形式，加大了与普通商标之间的差异度，以此贯彻落实了强化地理标志保护的司法政策。

事实上，地理标志商标近似性判断的方法与标准是由地理标志保护模

[1] 参见北京市高级人民法院行政裁定书，(2020)京行终477号。

式所决定的。在商标法制度下保护地理标志,应当在整体考虑商标法体系性规定的前提下,突出地理标志不同于普通商标的特性,适当调整判断商标近似与否的标准和考量因素。然而,在确立地理标志专门保护的基础上,辅之以一般证明商标或集体商标的保护强度,可以更好地理顺地理标志与商标之间的关系。此时,判断地理标志集体商标或证明商标与商品商标、服务商标的近似性,完全可以不加改动地适用商标法的基本规则。故此,在地理标志保护问题上,亟待研究并在立法、执法和司法上予以确认的重要议题是地理标志保护模式的选择。

007

三维商标的显著性判断 / 吕亚妹

梵克雅宝有限公司等与国家知识产权局商标权无效宣告请求行政纠纷案 / 北京市高级人民法院行政判决书，(2020)京行终4528号

事实概要

梵克雅宝有限公司（一审原告、二审上诉人，以下简称X）享有第15736970号商标注册商标专用权，核定使用类别为第14类，类似群1401－1404，核定使用商品为“珠宝首饰；宝石；项链（首饰）”等，商标专用期限自2016年1月7日起至2026年1月6日止。

该诉争商标被提起无效宣告。2019年7月30日，国家知识产权局作出商评字〔2019〕第188290号《关于第15736970号图形商标无效宣告请求裁定书》，认为，X提交的证据不足以证明诉争商标经过使用已取得显著特征，对诉争商标予以无效宣告。

X不服被诉裁定，在法定期限内向北京知识产权法院提起行政诉讼。一审法院认为，本案争议焦点在于诉争商标的申请注册是否违反了2013年《商标法》第11条第1款第3项的规定，以及是否符合2013年《商标法》第11条第2款的规定。后法院作出一审判决，认定X关于诉争商标设计独特、具有较强显著性的起诉理由不能成立，且提供的证据不足以证明相关公众能够在该商标指定使用的商品上将其作为标志商品来源的标志进行识别从而获得显著特征。因此，判决驳回X的诉讼请求。

X上诉至北京市高级人民法院，认为诉争商标足以被相关公众作为识别商品来源的标志，且经过长期、连续的使用、宣传，强化了显著特征。

判决要旨

北京市高级人民法院（以下简称二审法院）认为，诉争商标作为标示商品来源商标的功能较弱，不易被相关公众予以识别，缺乏固有显著特征，且所提供证据尚不足以证明诉争商标经过使用获得显著特征。因此，法院判决驳回上诉，维持原判。具体二审法院论证过程如下。

1. 从法律依据上讲，二审判决指出，2013 年《商标法》第 11 条第 1 款第 3 项规定，其他缺乏显著特征的标志不得作为商标注册。“其他缺乏显著特征的标志”是指依照相关公众通常观念的认知，作为商标使用在指定商品上不具备区分商品来源的作用。《最高人民法院关于审理商标授权确权行政案件若干问题的规定》第 9 条规定，仅以商品自身形状或者自身形状的一部分作为三维标志申请注册商标，相关公众一般情况下不易将其识别为指示商品来源标志的，该三维标志不具有作为商标的显著特征。该形状系申请人所独创或者最早使用并不能当然导致其具有作为商标的显著特征。同时，该条第 3 款规定，第 1 款所称标志经过长期或者广泛使用，相关公众能够通过该标志识别商品来源的，可以认定该标志具有显著特征。

2. 从商标的基本功能上讲，二审法院认为，商标基本功能在于特定标志通过使用在商品或服务上，能够实现使相关公众基于该标志识别商品或服务来源的作用，而无论该标志的组成来源于臆造或是公有领域已经存在的客体，只要能够实现上述的识别性，则具有了固有显著性。通常而言，在判断标志本身是否具有显著性时，应当围绕下列因素进行考量：(1) 标志本身与其指定使用的商品或服务的关联程度。一般而言，标志本身与其指定使用的商品或服务关联程度越低，则其可作为商标进行认知的可能性越大；若标志本身与其指定使用的商品或服务关联程度越高，则其可作为商标进行认知的可能性越小。正是基于此，若标志本身直接指代了其所要标示商品或服务来源的通用名称、或直接描述了该商品或服务的自身特点时，通常认为该标志本身缺乏显著性。(2)判断主体应以具体商品或服务领域中相关公众的普遍知识水平和认知能力为依据。在此应当注意的是,针对不同商品或服务的具体类别、属性、功能等本质特性的差异,相关公众所表现的具体知识水平和认知能力也会存在不同,故应当结合具体的商品或服务作出符合市场客观化标准的判断。(3)在判断过程中,应当以标志的整体性为原则。关于诉争标志是否具有显著性的认知,应当结合诉争标志的整体构成要素进行判断,不应单一、割裂地对特定构成要素进行分析,而忽视各个要素组合而成的诉争标志的整体含义与表达形式。商标由三维标志构成的,应当整体上就该商标标志是否具备显著特征予以判定。

3. 就诉争商标的固有显著性,二审法院认为,本案诉争商标由三维标志构成,通过其视图可知,诉争商标整体呈现为中心对称的四叶草形状,四周外围呈圆弧状,并且正反两面的外围嵌有均匀排布的圆珠镶边(两层圆珠镶边),圆珠镶边的外边缘连接处有四个较为明显的圆珠,因此诉争商标从其造型、装饰组合及整体外观效果上具有一定独创,并不完全等同于第三人毕某某所举证的其他品牌“四叶草”形状的珠宝饰品。然而,诉争商标核定使用在“珠宝首饰、戒指(首饰)、手镯(首饰)、耳环、项链(首饰)、手表、表壳”商品上,根据上述商品相关公众的认知习惯,易将其识别为商品的外观、造型或者装饰进行认知,故诉争商标作为标示商品来源商标的功能较弱,不易被相关公众予以识别,缺乏固有显著特征,已经构成2013年《商标法》第11条第1款第3项所规定的情形。虽然原审判决将判断主体界定为“一般消费者”存在不当,但其该部分认定结论正确,本院予以确认。梵克雅宝公司该部分上诉理由缺乏事实及法律依据,本院不予支持。

4. 就诉争商标能否因使用而具有了限制性,二审法院认为,2013年《商标法》第11条第2款规定,前款所列标志经过使用取得显著特征,并便于识别的,可以作为商标注册。

在标志自身缺乏显著特征的情况下，其并不当然失去作为商标获准注册的可能性，该标志亦可以通过在市场流通、经营过程中的实际使用，获得其固有含义之外的“第二含义”，即通过实际、有效使用获得显著特征。在判断标志是否通过使用获得显著特征时，应当结合以下因素进行考量：(1)该标志实际使用的方式、效果、作用，是否以商标的方式进行使用，在此应当以是否能够达到识别商品或服务的来源为判断基准；(2)该标志实际持续使用的时间、地域、范围、销售规模等经营情况；(3)该标志在所涉商品相关公众中的知晓程度；(4)审查判断标志是否通过使用获得显著特征，应当区分在授权阶段和确权阶段的实质差异，若诉争商标已经核准注册，其核准注册后的实际使用、宣传情况亦应当予以考量；(5)该标志通过使用获得“第二含义”的，应当仅限于其实际使用的具体商品，不包括与之类似商品，而且应当是对于该标志本身的使用，以避免对其他经营者合法权益的损害，甚至不当限制了其他经营者基于商品外观、装饰等正当使用。

在本案中，虽然梵克雅宝公司在评审阶段和诉讼阶段提交的诉争商标使用、宣传的证据，可以证明梵克雅宝公司的诉争商标自2005年进入中国境内市场，并在北京、上海、成都、杭州等城市开设了多家精品店，同时在天猫国际、京东国际等电商平台均有销售，且销售数额和广告投入均较大，但是考虑到诉争商标的使用方式、使用效果更多为“珠宝首饰、戒指(首饰)、手镯(首饰)、耳环、项链(首饰)、手表、表壳”商品上的外观、造型或者装饰，且在该领域中已有大量其他经营者将“四叶草”作为上述商品的装饰外观，进而更加确认了相关公众对该类产品外形装饰作用的认知，亦淡化了本案诉争商标指示商品来源的认知。同时，虽然考虑商标专用权系以其指定使用的标志和商品为限，但在判断商标侵权时系以是否造成混淆误认为基准，包括了商标相同和近似等情形。在梵克雅宝公司未明确其诉争商标禁用权范畴的情况下，为避免对已经形成的相关市场中其他经营者正当经营造成负面影响，原审判决及被诉裁定关于梵克雅宝公司所出示证据尚不足以证明诉争商标经过使用获得显著特征的认定并无不当，本院予以确认。梵克雅宝公司该部分上诉主张缺乏事实及法律依据，本院不予支持。

此外，2013 年《商标法》第 11 条第 1 款属于禁止标志作为商标注册的绝对事由，任何人均可提出无效宣告请求，故第三人毕某某是否存在主观申请恶意的情形，并不影响本案认定结论。

评 析

《商标法》于 2001 年修改时，在第 8 条增加三维标志可以作为商标申请注册的规定。2013 年《商标法》将第 8 条修改为："任何能够将自然人、法人或者其他组织的商品与他人的商品区别开的标志，包括文字、图形、字母、数字、三维标志、颜色组合和声音等，以及上述要素的组合，均可以作为商标申请注册。"2019 年《商标法》对该条未作调整。

根据上述规定，三维标志或包含三维标志的标识在符合商标法规定的情况下，可作为商标申请注册。商标的基本功能在于区分商品或服务来源，因此三维标志的显著性问题也是司法审查的重点问题，要考虑是否可以与所指定商品和服务的通用形状、包装物等相区分，更要考虑相关公众是否将三维标志识别为指定商品或服务来源的标记，而不是识别为指定商品形状、外包装或装饰的一部分。

《商标法》第 11 条规定："下列标志不得作为商标注册：(一) 仅有本商品的通用名称、图形、型号的；(二) 仅直接表示商品的质量、主要原料、功能、用途、重量、数量及其他特点的；(三) 其他缺乏显著特征的。前款所列标志经过使用取得显著特征，并便于识别的，可以作为商标注册。"根据该规定，司法实践在判断显著性时，一般首先判断三维标志是否具有固有显著性；如无固有显著性，则根据已提供的使用证据进一步判断是否经过使用取得显著特征。

一、商品形状三维标志固有显著性判断

在实践中,三维标志作为商标申请或使用主要包含三种使用方式:用作商品本身的形状;用作商品的包装;用作商品或服务的装饰。本案主要涉及的为商品本身形状。

就三维标志为商品本身形状而言,《最高人民法院关于审理商标授权确权行政案件若干问题的规定》第9条规定,仅以商品自身形状或者自身形状的一部分作为三维标志申请注册商标,相关公众一般情况下不易将其识别为指示商品来源标志的,该三维标志不具有作为商标的显著特征。该形状系申请人所独创或者最早使用并不能当然导致其具有作为商标的显著特征。同时,该条第3款规定,第1款所称标志经过长期或者广泛使用,相关公众能够通过该标志识别商品来源的,可以认定该标志具有显著特征。

商标的基本功能在于标识商品或服务的来源,使相关公众将商品或服务与提供者一一对应。而在三维标志作为商品本身形状情况下,相关公众看到三维标志时,通常会将其认知为商品的包装或商品本身的形状,并不会将其作为商标认知,因此司法实践对固有显著性认定一般采取较严格的态度。如在乐高小人案[1]、艾默生电气公司案[2]、弗拉玛吉斯公司打火机案[3]、大金工业株式会社空调案[4]等案件中,法院都认为三维标志申请在指定商品上,相关公众通常仍会将三维标志认定为指定商品或指定商品的组件或构件对待,而不会将其作为区分商品来源的标志,从而没有认定其固有显著性。

---

〔1〕 参见北京市高级人民法院行政判决书,(2016)京行终3473号。
〔2〕 参见北京市高级人民法院行政判决书,(2010)高行终字第131号。
〔3〕 参见北京知识产权法院行政判决书,(2019)京73行初11852号。
〔4〕 参见北京知识产权法院行政判决书,(2020)京73行初2471号。

本案二审法院也持有相同意见。其认为固有显著性标准包括:(1)标志本身应与指定使用商品或服务关联程度较低;(2)结合指定商品或服务,以该领域中相关公众的普遍知识水平和认知能力为依据进行判断;(3)从三维标志整体上进行判断。并结合本案诉争商标指定在"珠宝首饰"等商品上,进一步判断根据上述商品相关公众的认知习惯,易将其识别为商品的外观、造型或者装饰进行认知,故诉争商标作为标示商品来源商标的功能较弱,不易被相关公众予以识别,缺乏固有显著特征。

二、商品形状三维标志因使用具有显著性的判断

2013 年《商标法》第 11 条第 2 款规定,"前款所列标志经过使用取得显著特征,并便于识别的,可以作为商标注册"。显著性的核心在于相关公众对三维标志作为区别商品来源的认知。因此,如果申请人提交证据可以证明基于其大量、长期、广泛的使用及宣传,使相关公众对使用在指定商品上的三维标志广为知晓,与申请人之间建立了一一对应的关系,可以作为商品来源区分标志进行识别,则可以认定该三维标志通过使用获得显著性。

目前,司法实践对使用构成显著性认定标准并不统一,有的法院未阐述评判标准而直接以证据不充分予以驳回;也有法院认为,应参照驰名商标的认定标准(大金株式会社空调案)。本案对通过使用获得显著性标准进行了较详细的说明,主要包括:(1)标志实际使用的方式、效果、作用;(2)标志实际持续使用的时间、地域、范围、销售规模等经营情况;(3)标志在所涉商品相关公众中的知晓程度;(4)考虑授权阶段和确权阶段的实质差异,若诉争商标已经核准注册后,其核准注册后的实际使用、宣传情况亦应当予以考量;(5)避免对其他经营者合法权益的损害,或者不当限制了其他经营者基于商品外观、装饰等正当使用。

结合本案申请提交的证据,二审法院认为诉争商标在国内销售时间为自2005年起;有了一定的销售规模(包括北京、上海、成都、杭州等城市,及在天猫国际、京东国际平台有售);销售数额和广告投入均较大。但是就其使用方式,仍是作为首饰等商品上的外观、造型或装饰;且该领域已有大量其他经营者使用该装饰外观,淡化商品来源的认知。同时,为避免对已经形成的相关市场中其他经营者造成正当经营的负面影响,最终认定,梵克雅宝公司提供的使用证据未证明诉争商标具有了显著性。

事实上,根据目前案例检索情况,正如本案判决,无论法院认定标准是否不同,对于认定通过使用而具有显著性,法院还是十分谨慎的,对于将来是否能够进一步明晰判断标准,以及是否会有案件提供充分证据证明因使用而具有显著性,有待进一步探讨。

008

地名作为注册阻却事由 / 吕亚妹

百威哈尔滨啤酒有限公司与国家知识产权局商标申请驳回复审行政纠纷案/最高人民法院行政判决书,(2020)最高法行再370号

事实概要

第12445672号"哈尔滨小麦王"商标,由百威哈尔滨啤酒有限公司(一审原告、二审被上诉人、再审申请人,以下简称X)于2013年4月18日向原国家工商行政管理总局商标局提出注册申请,指定使用在第32类啤酒、姜汁啤酒、麦芽啤酒、制啤酒用麦芽汁、制啤酒用蛇麻子汁、麦芽汁(发酵后成啤酒)商品上。

商标局认为,诉争商标中的"哈尔滨"为县级以上行政区划名称,且诉争商标并未形成其他强于地名的含义,已构成《商标法》第10条第2款规定之情形,不得作为商标使用,因此驳回了诉争商标的注册申请。

X不服该决定,申请复审。原国家工商行政管理总局商标评审委员会认为已构成《商标法》第10条第2款规定之情形,不得作为商标使用,且X提交的证据不能证明诉争商标经过其有效的商业使用已具有区别于地名的第二含义,从而具有可注册性,最终决定:诉争商标在复审商品上的注册申请予以驳回。

后X向北京知识产权法院提起诉讼,一审法院认为:诉争商标虽然包含了县级以上行政区划地名"哈尔滨",但由于"哈尔滨"在啤酒商品上已经形成了区别于地名的其他含义,诉争商标客观上能够起到区分商品来源的作用,因此不构成《商标法》第10条第2款所述情形。原商标评审委员会对此

认定有误，一审法院予以纠正。

原商标评审委员会不服，上诉至北京市高级人民法院。二审法院认为，这里的“其他含义”是指除地名名称本身所指向的行政区划之外的含义。“哈尔滨”本身作为地名，其在行政区划之外并不具有其他含义。因此，诉争商标的申请注册属于《商标法》第 10 条第 2 款规定的不得作为商标的情形，一审法院对此认定错误，二审法院予以纠正。

X 不服，向最高人民法院提出再审申请。

判决要旨

再审法院认为，诉争商标“哈尔滨小麦王”具有了区别于地名的其他含义，可以发挥识别商品来源的作用，未违反《商标法》第 10 条第 2 款的规定。最终撤销了二审判决，维持了一审判决。

对于如何适用《商标法》第 10 条第 2 款关于地名商标的规定，以及是否经使用可以认定含义地名商标具有“其他含义”，本案再审判决进行了论证。

1. 从法律依据上讲，再审判决指出，根据《商标法》第 10 条第 2 款的规定，县级以上行政区划的地名或者公众知晓的外国地名，不得作为商标。但是，地名具有其他含义或者作为集体商标、证明商标组成部分的除外；已经注册的使用地名的商标继续有效。《最高人民法院关于审理商标授权确权行政案件若干问题的规定》（法释〔2017〕2 号，以下简称《商标行政案件司法解释》）第 6 条同时规定，商标标志由县级以上行政区划的地名或者公众知晓的外国地名和其他要素组成，如果整体上具有区别于地名的含义，人民法院应当认定其不属于《商标法》第 10 条第 2 款所指情形。

2. 从《商标法》第 10 条第 2 款的立法本意上讲，再审法院认为，作为商标授权确权审查中的绝对理由条款，《商标法》禁止将一定范围内的地名作为商标注册与使用的主要理由在于，一是防止商标权人不正当地垄断公共资源。地名作为指代特定地理区域的一种符号表达形式,若为个人所独占,势必影响社会公众使用地名的表达自由。二是防止商标权人通过占用地名误导公众。地名还可能直接指代出产特定品质商品的产区,如商标权人提供的产品并非来源于该特定产区,社会公众可能基于对商品品质、商品来源的错误认识,而产生误认、误购的结果。三是维护商标的显著特征。地名对地理区域具有指代作用,如果商标标志从整体上即可无歧义地指向地名,显然不能发挥识别商品和服务来源的作用,除非符合法律另有规定的情形,否则不应作为商标核准注册。

3. 结合立法本意,如果地名商标是由地名及其他要素组合而成,且可整体上实现与地名的区分,不应认定为违反了《商标法》第 10 条第 2 款的规定。再审法院认为,诉争商标已经通过增加其他构成要素等方式,保持了与地名之间的必要距离。相关公众在看到诉争商标时,不再因此而产生地理位置上的联想,也不会影响其他社会公众使用地名的表达自由,进而避免了诉争商标申请人借助商标申请和注册行为不正当地挤占公共资源的可能性。基于此,如果诉争商标是由地名与其他构成要素组成,即不能当然地以其中包含地名为由,直接援引《商标法》第 10 条第 2 款规定予以驳回,而仍需根据司法解释的规定,判断诉争商标是否已经在整体上形成了区别于地名的含义。

4. 本案中结合证据整体考察,再审法院认定诉争商标"哈尔滨小麦王"因使用而整体具有了其他含义,不会使相关公众造成误认,并认定诉争商标未违反《商标法》第 10 条第 2 款的规定。

最高人民法院通过以下几个层次论述:

(1)哈尔滨啤酒公司在第 32 类啤酒等商品上注册了多件"哈尔滨"或包含"哈尔滨"字样的商标。其中,第 105985 号"哈尔滨及图"商标于 1979 年 10 月 31 日即获准注册。2015 年 2 月 21 日,哈尔滨啤酒公司在第 32 类啤酒等商品上获准注册与本案诉争商标文字具有包含关系的“哈尔滨啤酒HARBIN小麦王及图”商标。

(2)在先判决认定,哈尔滨品牌系列啤酒以及第105985号“哈尔滨及图”商标、第3447960号“哈尔滨”商标在中国境内达到为相关公众广为知晓的程度,构成驰名商标。

(3)在案证据可以证明,“哈尔滨”系列啤酒产品经过哈尔滨啤酒公司长期、大量的使用和持续、广泛的宣传,已经具有了较高的市场知名度。相关公众在看到“哈尔滨”商标时,可以将其与啤酒等商品的提供者哈尔滨啤酒公司建立起较为稳定的产源联系。

(4)而根据原料、口感的差异,将使用同一商标的啤酒进一步细分为不同的产品类型,应属啤酒生产行业的常见做法。因此,整体而言,诉争商标“哈尔滨小麦王”易被相关公众识别为哈尔滨啤酒的系列产品之一,具有区别于地名的其他含义,亦可以发挥识别商品来源的作用。同时,基于“哈尔滨”商标在啤酒商品上已经积累的商业信誉,诉争商标与哈尔滨啤酒公司“哈尔滨”系列品牌所具有的产源指向关系一致,故诉争商标的使用也不会使相关公众因产源上的错误认识,而产生误认、误购的后果。

评 析

《商标法》第10条第2款规定:县级以上行政区划的地名或者公众知晓的外国地名,不得作为商标。但是,地名具有其他含义或者作为集体商标、证明商标组成部分的除外;已经注册的使用地名的商标继续有效。对于该条款是属于禁注还是禁用条款,并在此基础上“其他含义”是仅指地名词汇具有的其他固有含义,还是包括因使用该地名词汇而具有了“第二含义”,在理论及司法实践中一直存在分歧。例如,有观点认为,《商标法》第10条第2款的内容为禁注禁用性条款,因此,获得“第二含义”是要建立在违法使用的基础之上，于法理是说不过去的。[1] 在司法实践中也存在不同观点。例如，在本案中，一审及再审法院认为是可以因使用地名词汇，而使地名商标整体上实现与地名的区分，从而获得注册。而本案二审法院则认为“其他含义”是地名词汇所具有的其他固有含义，如其强于地名含义，可获得注册。

对此问题，笔者理解可以从该条款立法沿革及本意出发予以讨论。

一、《商标法》第10条第2款的立法沿革

该地名商标条款最早出现在《商标法实施细则》(1988年)，其第6条规定“县级以上(含县级)行政区划名称和公众知晓的外国地名，不得作为商标。使用前款规定名称已经核准注册的商标继续有效”。该条款并没有规定“具有其他含义”等例外情形。

在1993年修订《商标法》时，纳入了地名商标的规定：“县级以上行政区划的地名或者公众知晓的外国地名，不得作为商标，但是，地名具有其他含义的除外；已经注册的使用地名的商标继续有效。”(第8条第2款)。对于为何纳入此规定，时任国家工商行政管理局局长刘敏学在《关于〈中华人民共和国商标法修正案(草案)〉的说明——1992年12月22日在第七届全国人民代表大会常务委员会第二十九次会议上》中提道：“现行《商标法》对用行政区划名称作为商标注册未作限制。这一点不明确，实践中带来了不少问题：一是以地名作为商标，缺乏显著性，不利于消费者通过商标识别不同类别的商品，容易造成混乱；二是如果同一地区多家企业生产同类商品，一家企业率先以地名作为商标注册，容易形成实际上的垄断，使其他企业处于不利地位。同时，考虑到我国在传统上不少商品已用地名作为商标注册，有些在国内外还是久负盛名的，如贵州茅台、青岛啤酒等，某些地名往往还带

〔1〕 参见刘国栋：《从地名的其他含义说开去》，载《中国工商管理研究》2005年第11期。

有其他的含义，如凤凰县、长寿县等，不能不照顾到这一实际情况。”[1]根据该说明，地名商标立法本意主要是考虑到缺乏显著性，以及造成实际上的垄断。因此，可以解释为地名经过使用取得“第二含义”后，可以作为商标注册。[2] 郑成思在《中国知识产权法：特点、优点与缺点——评 1993 年商标法》中也提道，“国际商标保护中，多年来使用‘第二含义’这个术语，而不使用‘其他含义’，是有其道理的。第二含义指的是某一标识虽确系地名，但使用者在商业活动中，已使顾客一见到它就联想到商品的制造者来源，而不是有关地理来源。例如香槟、茅台，等等。这里并不管有关地名本身原先有没有‘其他含义’”。[3]

2001 年修订的地名商标条款，增加了地名作为集体商标、证明商标组成部分的例外规定，但条文内容没有实质性变化。商标局在对该条款进行解释时，说明该条款的制定主要考虑三方面的原因：第一，这些地名不能区别产品的生产经营者，不具有商标的区别功能；第二，如果申请人的住所在该行政区域内，将该行政区域的地名作为商标注册，会在地名上获得排他权，会不公平地妨碍他人在商业活动中的使用；第三，如果申请人的住所不在该行政区域内，将该行政区域的地名作为商标注册或使用，其所提供的产品并不产于该地域，易使公众对带有这种地名的商品或提供服务来源产生误认，或者说该商标具有地理欺骗性。[4] 该解释也表明，地名不能注册为商标的理由主要在于缺乏显著性，此外还增加了防止注册商标后具有地理欺骗性

---

〔1〕 原国家工商行政管理局局长刘敏学 1992 年 12 月 22 日在第七届全国人民代表大会常务委员会第二十九次会议上作的《关于〈中华人民共和国商标法修正案（草案）〉的说明》，载中国人大网，http://www.npc.gov.cn/wxzl/gongbao/1992-12/22/content_1481237.html。

〔2〕 参见陈锦川主编、北京市高级人民法院知识产权审判庭编著：《商标授权确权的司法审查》，中国法制出版社 2014 年版，第 145 页。

〔3〕 黄晖编：《郑成思知识产权文集（商标和反不正当竞争卷）》，知识产权出版社 2017 年版，第 260 页。

〔4〕 参见国家工商行政管理总局商标局编著：《〈中华人民共和国商标法〉释义》，中国工商出版社 2003 年版，第 58 ~ 59 页。

的理由。2014 年及 2019 年《商标法》对该条款没有调整。

二、《商标法》第 10 条第 2 款的立法本意

从以上立法沿革过程,可以看出《商标法》第 10 条第 2 款地名商标的立法意图,在于考虑以下因素:

1. 维护商标的显著性特征。商标主要功能在于区别商品及服务的来源,使相关公众能够将商品或服务与提供者一一对应。如本案再审判决所述,地名对地理区域具有指代作用,如果商标标志从整体上即可无歧义地指向地名,显然不能发挥识别商品和服务来源的作用,除非符合法律另有规定的情形,否则不应作为商标核准注册。

2. 应保护同地区同业经营者,避免不公平地妨碍他人使用地名。地名是一种公共资源,如果由特定商品或服务提供者注册为商标,会具有一定排斥该地名所标志区域内同业竞争者使用该地名的效果,有损同地区同业者的利益。

3. 避免导致误导消费者,具有地理欺骗性。地名具有地理描述性,如果申请人提供商品或服务并非源于该地区,相关公众可能会对商品来源造成错误认识。

三、对于地名词汇能否因使用获得"其他含义"的判断

对于地名词汇能否因使用而整体上具有《商标法》第 10 条第 2 款规定的"其他含义",在司法实践中并不统一,如本案三审意见并不相同。经对 2018 年至今的相关案例进行检索,其中另有 5 件案件认定因使用具有了强于地名的"第二含义",[1] 18 件认为使用证据未能证明具有了"第二含义",

---

〔1〕 参见北京市高级人民法院行政判决书,(2018)京行终 6041 号、(2019)京行终 3992 号、(2020)京行终 4220 号、(2020)京行终 4383 号;最高人民法院行政判决书,(2019)最高法行再 52 号。

还有4件明确说明使用不作为该条款考虑要件。结合上述立法沿革情况及立法本意，笔者同意本案再审法院意见，即地名商标通过使用后具有显著性，从而使相关公众可以将商品或服务来源的提供者相区分，而非将商品或服务来源与行政区域相关联，是符合商标的功能，也是符合《商标法》第10条第2款的立法本意的。

此外，由于对《商标法》第10条第2款本身理解不同，如何认定诉争商标或其包含的地名词汇因使用而具有了"第二含义"，也未形成统一标准。结合本案及另外4件认定因使用具有了强于地名的"第二含义"案件，法院一般考虑如下因素：(1)诉争商标标识除地名词汇外还有其他构成部分，如"哈尔滨小麦王""青岛啤酒"；(2)诉争商标或系列商标注册及使用时间较长；(3)带有诉争商标商品销售额较大；(4)诉争商标或相关商标被认定为驰名商标；(5)诉争商标或系列商标经过大量宣传；(6)诉争商标或系列商标经过相关协会证明等。从认定使用构成"第二含义"的构成标准及案件数量来看，司法实践对其认定也是采取审慎态度的。

009

声音商标的显著性判断 / 张唯瑜

泸州老窖股份有限公司与国家知识产权局商标申请驳回复审行政纠纷案 / 北京知识产权法院行政判决书,(2018)京73行初5966号

事实概要

泸州老窖股份有限公司(一审原告,以下简称X)申请注册第19351022号声音商标,该商标全长30秒,由音乐及女声哼唱组成,指定使用在第33类商品上。原国家工商行政管理总局商标局以缺乏显著性为由驳回注册申请后,X申请复审。商标评审委员会认定诉争商标难以起到区分商品来源的作用,缺乏显著性,构成《商标法》第11条第1款第3项不得作为商标注册之情形,作出商评字〔2018〕第60995号复审决定,驳回商标注册申请。

X不服该决定,向北京知识产权法院提起行政诉讼,请求法院撤销复审决定。其主要理由如下:(1)诉争商标具有独创性,能够引发消费者对其商品的联想;(2)诉争商标并未描述商品本身特点,与指定商品固有特点之间没有关联性;(3)诉争商标在实际使用中包含知名商标"国窖1573",具备可识别性;(4)诉争商标经长期使用已经获得了显著性。

判决要旨

北京知识产权法院驳回原告X的诉讼请求。

声音可以作为商标申请注册,但应具有显著特征,便于识别商品或服务来源。而商标标志是否具有显著特征,则需要结合相关公众的一般认知加以具体判断。声音标志是否独创或最早使用,与其是否具有显著特征的认定无关。本案诉争商标时

长过长，过于复杂、不易记忆，缺乏辨识度，并且从相关公众的认知习惯看，容易将其识别为背景音乐、歌曲或者乐曲本身，而非单独认知为商标，故而该声音无法起到区分商品来源的作用，缺乏商标应有的显著性。此外，虽然特定标志可以通过使用取得显著特征，但在本案中，X 所提交的证据未能反映或证明诉争商标的使用情况，且诉争商标经常与“国窖 1573”“泸州老窖”等标识一起使用，难以证明该声音单独作为商标使用能够起到区分商品来源的作用。从诉争商标的使用时间、使用方式及相关公众的知晓程度等因素来看，未能证明其经过长期使用已经获得显著特征。

综上，诉争商标不应核准注册，被告国家知识产权局作出的复审决定适用法律正确，符合法定程序，依法应予支持。

评 析

一、判决思路和意义

本案争议焦点为，诉争声音商标是否具有显著性，法院从固有显著性及获得显著性两个层面对诉争商标的显著特征进行了分析判断。具体而言，法院先是确认了该声音商标缺乏辨识度，不具备固有显著性；在此基础上，进一步分析了该声音的使用时间、使用方式及相关公众的知晓程度，认为该声音商标也没有通过使用获得显著性特征，综合考虑下认定诉争商标缺乏显著性，不应核准注册。

声音商标本身不具有可视性，技术上难以量化评价，实践中对于其显著特征的判断尚未形成明确标准，还有待更多个案的积累。本案对声音商标显著特征的分析较为详细，对今后的实践具有借鉴意义。

二、声音商标显著性的判断规则及学理

2014 年 5 月 1 日实施的《商标法》第 8 条取消了对商标的可视性要求，将声音纳入商标可注册申请范围之内，但对于其注册审查标准则并未作出特别规定,仍需根据《商标法》对普通商标的相关规定进行判断。其中,声音商标的显著特征审查尤为重要,在实践中也常常成为难点。《商标法》第11条规定了对商标显著性的要求,即缺乏显著特征的标志不得作为商标注册,但如果经过使用取得显著特征的可以作为商标注册,该条款明确了商标固有显著性和获得显著性的双层标准。2016年修订颁布的《商标审查及审理标准》第六部分"声音商标的审查"中也延续了该标准,对声音商标显著性审查作出了更为详细的规定:"仅直接表示指定商品或服务内容、消费对象、质量、功能、用途及其他特点的声音,缺乏显著特征",同时明确了通过使用获得显著性的重要性:"一般情况下,声音商标需经长期使用才能取得显著特征"。

商标显著性判断的趣旨在于,通过确定某个商标是否具备来源识别力和独占适应性,防止特定主体以商标权的方式独占市场经营所必需的标志,从而保护市场公平竞争,促进产业发展。这在声音商标的显著性判断中也不例外。对于具有通用性、商品功能所必需的功能性等缺乏独占适应性,即不能被特定主体独占使用的标志,无论是否具有识别力都不能注册为商标;对独占适应性较弱的描述性或说明性等的标志,通过使用获得显著性后可以注册;对独占适应性较好,即使被特定主体独占使用也不会影响市场公平竞争的标志,该标示本身具有固有显著性,可以注册。

尽管如此,由于声音商标与传统商标在表现形式上存在差异,主要以听觉而非视觉方式起到区别商品来源的作用,在具体认定中的着眼点也会有所不同。在实践中,对声音商标固有显著性及获得显著性的判断等问题,仍缺乏统一的规则。

三、声音商标固有显著性的认定

固有显著性的认定通常借由判断该标识的独特构成要素,推定其能够发挥来源识别功能。传统商标可以通过视觉观察其文字、图形要素判断该商标的固有显著性，而声音商标则需要通过听觉进行主观判断。

对于声音商标固有的显著性认定，司法实践中通常采用的观点是考虑相关公众是否会将声音作为商标予以识别。由于长期以来市场中的商标多以平面视觉的形式展现，考虑到公众的认知习惯，对于声音等非传统型商标，相关公众通常不会将其视为“商标”来认知，而是将其视为商品的宣传、广告等。因此，这类非传统商标通常无法起到区分商品来源的作用，难以具备商标的固有显著性。[1] 例如，在国家工商行政管理总局商标评审委员会与腾讯科技（深圳）有限公司商标申请驳回复审行政纠纷上诉案中，二审北京市高级人民法院指出，“申请商标仅由单一而重复的‘嘀’音构成，相关公众通常情况下不易将其作为区分商品或者服务来源的标志加以识别”；[2] 在小米科技有限责任公司与国家知识产权局不履行法定职责（现已不用）案中，北京市高级人民法院认为，“商标标志在其指定使用商品上是否具有显著特征，需要结合相关公众的一般认知加以具体判断”；[3] 在广东太阳神集团有限公司与国家工商行政管理总局商标评审委员会商标申请驳回复审行政纠纷案中，北京知识产权法院“考虑到声音商标不同于传统商标的识别方式和使用方式，相关公众在听觉感知上通常不会将其作为商标加以识别，难以起到区分商品和服务来源的作用”。[4] 本案的判断也体现了这一观点，认为诉争声音商标容易被识别为背景音乐而非商标，缺乏固有显著性。

但是，商标申请注册时通常不具有来源识别性，固有显著性也并不直接等同于识别性。声音商标作为非传统商标的确具有一定的特殊性，但过于强调其特殊性，会导致在商标注册阶段对显著性认定标准过高。随着今后

---

〔1〕 参见芮松艳：《论司法审判中如何认定商标显著性》，载《法律适用》2017 年第 17 期。

〔2〕 参见北京市高级人民法院行政判决书，(2018)京行终 3673 号。

〔3〕 参见北京市高级人民法院行政判决书，(2019)京行终 2518 号。

〔4〕 参见北京知识产权法院行政判决书，(2016)京 73 行初 6413 号。

声音商标的普及、增加以及公众认知习惯的改变，声音商标的固有显著性认定也应着眼于该声音本身的要素，综合分析其独占适应性和来源识别性。如果声音具有一定的辨识性，能够指示商品或服务来源，则该声音应该可以申请注册为商标。例如，在前述腾讯案中，商标评审委员会与一审北京知识产权法院虽然在具体判断上存在差异，但都就声音本身进行了分析。商标评审委员会认为，诉争商标“嘀嘀嘀嘀嘀嘀”仅是一个急促、单调的重复音，比较简单，缺乏商标应有的显著性。[1] 而北京知识产权法院则认为，诉争商标整体在听觉感知上形成比较明快、连续、短促的效果，具有特定的节奏、音效，且并非生活中所常见，因此，其并不属于被诉决定所认定的声音整体较为简单的情形。[2] 本案中法院也就声音本身要素进行了分析，认为“诉争商标音频长达约30秒，且包含不同节奏及和弦，过于复杂，不符合商标设计简单明了、容易记忆的宗旨，与常见的广告背景音乐等乐曲的区别亦不够明显”，无法发挥区分商品来源的作用，缺乏固有显著特征。由此可见，在声音商标的固有显著性判断中，声音本身的要素也是判断要点。

此外，商标的显著性不等同于其创造性，声音是否为申请人所独创或最早使用等因素，与声音商标的显著性判断无关，只要声音具备辨识力，能够用于区分商品的不同市场提供者，即符合商标注册要求。

四、声音商标获得显著性的认定

对于本身不具备固有显著性，且具有一定独占适应性的标识，可以通过使用获得显著性。《商标审查及审理标准》中规定了“一般情况下，声音商标需经长期使用才能取得显著特征”，与《商标法》规定相比，强调了长期使用

〔1〕 参见商评字〔2016〕第0000035304号。
〔2〕 参见北京知识产权法院行政判决书，(2016)京73行初3203号。

的重要性。也有学术观点认为,声音商标应采用获得显著性标准。[1] 在司法实践中也大多对声音的长期使用进行判断后认定其获得显著性,这在前述腾讯、小米、广东太阳神等案件中均有体现。

至于什么样的"长期使用"能取得显著特征的具体判断因素,目前并没有明确规定和标准。在司法实践中主要根据证据判断声音商标是否在相应商品上实际使用,是否与商品建立了对应关系,与其他文字等标识一起使用时,声音商标单独作为商标是否具有来源识别力等,对商标的使用方式及相关公众的知晓程度等因素进行综合分析。

值得一提的是,过于重视相关公众对声音的识别认知,会间接提高声音商标显著性的认定标准,即要求对声音的识别强于对文字的认知,或要求声音具有较高的识别性和知名度。在实践中,声音商标通常和文字商标或标识等一起使用,相关公众对文字标识的识别通常要强于声音,文字标识的存在无疑会对声音商标获得显著性的认定产生影响。在文字标识不明显的情况下,更容易证明声音商标单独作为商标使用能够起到区分商品来源的作用;但即使文字标识本身具有一定识别力,如果有足够证据能证明声音商标单独也能起到区分商品来源的作用,该声音仍具有显著性。

就现状而言,在司法实践中对于声音商标获得显著性的评价标准较为严格,通常需要大量证据才能证明该声音在使用中建立了识别性,容易造成声音商标申请难度大、申请周期长等问题。

五、判决的价值参考

随着技术和产业发展,可以预见未来会有更多的声音商标活跃于市场上。但是,声音商标的注册难度要远大于传统商标。本案进一步明确了声

---

〔1〕 参见王莲峰、牛东芳:《论声音商标审查采用获得显著性标准的依据及其完善》,载《中州学刊》2017 年第 12 期。

音商标难以具有固有显著性，虽然可以通过使用获得显著性，但仍需要申请人提交大量证据如广告、网页、宣传、出版物等资料证明该声音已经被长期使用，能够单独具备区分商品来源的识别力。在声音商标的显著性判断中，是否应该强调其特殊性，重视公众认知习惯的影响，也值得进一步反思和考虑。目前，声音商标的显著性判断还没有形成明确的规则和标准，仍待未来有更多案例积累。

注册商标专用权的保护范围

010

侵权环节商标近似性判断之反向混淆问题 / 张浩然

汕头市澄海区建发手袋工艺厂与迈克尔高司商贸(上海)有限公司等侵害商标权纠纷案 / 最高人民法院民事裁定书,(2019)最高法民申6283号

事实概要

汕头市澄海区建发手袋工艺厂(一审原告、二审上诉人、再审申请人,以下简称X)注册了第1244366号注册商标"mk",其核定适用范围为第18类旅行袋、旅行箱、皮袋、钱包等。迈克尔高司商贸(上海)有限公司、迈可寇斯(瑞士)国际股份有限公司(一审被告、二审被上诉人、再审被申请人,以下简称Y)是知名时尚箱包生产厂商,在其产品箱包产品金属装饰扣以及产品广告、店面装潢、官网微信等处使用了"mk""MK""MK""MK"等标识。X认为,被诉侵权标识与其注册商标相同或近似,Y的使用行为造成了相关公众对产品来源混淆和误认,故向杭州市中级人民法院起诉Y商标侵权。杭州市中级人民法院、浙江省高级人民法院一二审均认为,被控侵权标识与涉案商标存在整体性区别,不会造成相关消费者混淆和误认而不构成商标侵权。X不服向最高人民法院申请再审。

判决要旨

最高人民法院驳回再审申请。

最高人民法院审理认为,首先,涉案商标为"m"和"k"小写字母的简单组合,显著性主要体现在字母设计方面,被

诉侵权标识与原告商标呈现较为明显的设计风格，不构成相同商标。其次，关于判断被诉侵权标识与原告商标是否构成近似商标而造成相关消费者混淆，法院认为商标反向混淆判断与一般商标侵权判断标准不存在区别，不仅要考察商标各构成要素近似程度，还要考虑注册商标显著性、知名度，以及被诉侵权标识的使用情况。本案中，X 商标显著性较弱且并无较高知名度，“MK”系 Y 主营商标“MICHAEL KORS”的首字母缩写，Y 使用具有一定合理性，且 Y 通常将二者同时使用以与 X 进行区分，并无攀附 X 商誉的意图，其通过长期大量使用已获得了一定知名度而与其“MICHAEL KORS”品牌形成了对应关系。此外，X、Y 产品售货渠道、价格明显不同，二者消费群体区别度较大。故综合认定 Y 对被诉侵权标识的使用行为不会导致消费者混淆误认，不构成商标侵权。

评 析

一、判决思路和意义

商标反向混淆起源于美国法，我国《商标法》并没有规定商标权防止反向混淆的权能，而仅在第 57 条第 2 项规定，在相同商品使用近似商标，或类似商品使用相同或近似商标，“容易导致混淆的”，构成对于商标权的侵犯。按照对商标权的传统理解，商标权主要保护权利人向消费者提供的产品服务不被他人恶意假冒，防止他人利用权利人商誉不当获利，故“容易导致混淆”一般指消费者将侵权商品或服务误认为权利人提供的商品服务的情形，或称为“正向混淆”。受美国法影响，以 2003 年“蓝色风暴”案[1]为转折，司法实践中出现了大量案例适用反向混淆理论对商标权进行保护。[2] 但理论中就是否要建立反向混

〔1〕 参见浙江省高级人民法院民事裁定书，(2007)浙民三终字第 74 号。

〔2〕 参见朱双庆、金玉霜：《商标反向混淆侵权实证分析》，载《南京邮电大学学报（社会科学版）》2019 年第 4 期。

淆制度还存在较大争议,司法实践中有的法院也拒绝直接使用反向混淆而从正向混淆的角度进行认定,即使承认反向混淆的案件中就其构成要件也存在标准不一。由于我国目前商标抢注、囤积问题突出,广泛适用反向混淆也面临滥用商标权扰乱市场竞争秩序的风险。[1] 最高人民法院在本案中对相关争议问题进行了回应和澄清,即认为所谓"反向混淆"案件与一般商标侵权混淆判断不存在实质差别,从正向混淆的视角出发,最高人民法院认定Y使用被诉侵权标识并不会导致消费者将其误认为相关产品由X所提供而不构成商标侵权,体现了最高人民法院对此问题的立场。

二、相关规范及法理

如前所述,在规范层面,我国《商标法》并未对反向混淆问题作专门规定,第57条第2项仅规定了在相同商品上使用近似商标或类似商品使用相同或近似商标而"容易导致混淆的"将构成商标侵权,传统意义上"容易导致混淆"一般是指正向混淆的情形,即将被告商品或服务误认为来自商标权人。

反向混淆,是指侵权人使用了与商标权人相同或近似的商标,而使相关消费者形成固定认知,认为商标权人的产品源于侵权人或与之存在特定联系。该理论最早是由霍姆斯法官在International News Service v. Associated Press案[2]中提出的,但在很长的时间里一直未被接受,直到1987年在"固特异"案[3]中反向混淆理论才得以确立。在该案中,被告固特异大规模地使用了与原告"Big O"近似的"Big Foot"商标,但主张其并未利用"Big O"的商誉也并不会造成消费者将其产品误认为原告产品。美国第六巡回上诉

---

〔1〕 参见邓宏光:《商标反向混淆的司法应对》,载《人民司法(应用)》2017年第10期。

〔2〕 International News Service v. Associated Press, 248 US 215 (1918).

〔3〕 Big O Tire Dealers, Inc. v. Goodyear Tire & Rubber Co., 561 F. 2d 1365 1372 (10th Cir. 1977).

法院审理认为：“按照固特异主张的结果是，一家具有良好商誉和经济实力的公司通过广泛的广告宣传就可以夺取竞争对手的产品名称而免于承担不正当竞争责任，如果法律救济仅限于假冒，任何具有足够规模和资源的主体都可以采用任何商标，而为商标开发新的含义，作为另一使用者的产品名称。固特异的行为无疑是通过不正当使用商标而进行的不正当竞争，应当具有可诉性。”反向混淆的制度目标在于防止后使用者通过大量广告来淹没商标权人在先商标的识别性，避免“大鱼吃小鱼”。[1] 传统商标制度保护的是商标之上承载的权利人所建立的商誉，防止商标权人不受恶意假冒。但反向混淆理论则体现出了一种较强的财产化倾向，不仅仅保护权利人已经构建的商誉，还包括权利人未来在商标之上积累商誉的可能，将商标之上所有可能的利益都分配给权利人。[2]

将反向混淆行为纳入商标法保护也并非全无问题，其直接的负面效果是大大压缩相同以及相近似标志正当使用的空间，导致一旦某一商标被注册后，即使他人并无攀附利用商誉的意图也不得使用与之存在近似或关联的标志，而使用的范围越大而侵权风险越高。[3] 因此，美国法上也并非所有巡回法院都认可反向混淆原则，就其适用要件也存在争议，而在德国等大陆法系国家则并不存在反向混淆制度。在我国理论探讨中，一种是支持观点。有学者认为，反向混淆损害了商标权人的合法权益、消费者利益以及公平竞争秩序，应当对其加以规制，就其构成要件则存在不同理解，有学者认为反向混淆与正向混淆判断并不存在本质区别，都是在混淆的多因素检测标准基础上进行调适；[4] 有学者认为，应在传统混淆标准的基础上特别考虑竞争

[1] 参见邓宏光：《商标反向混淆的司法应对》，载《人民司法（应用）》2017 年第 10 期。
[2] 参见杜颖：《商标反向混淆构成要件理论及其适用》，载《法学》2018 年第 10 期。
[3] 参见吕炳斌：《商标财产化的负面效应及其化解》，载《法学评论》2020 年第 2 期。
[4] 参见张今：《反向混淆之“本土化”思考》，载《中国专利与商标》2017 年第 1 期。

市场和主观意图两个因素。[1] 另一种反对观点则认为，反向混淆行为不具有可责难性，而不应当纳入商标权的保护范围。[2]

笔者认为，通过对正向混淆的规制，已基本可以保障商标权人已有利益和既有市场竞争秩序不受损害，进一步扩大商标权保护范围或者商标财产化构建应当以实现一定的激励目标为前提。但在法律上将未来商标的所有利用可能都分配给权利人，事实上并不能额外地激励其扩大商标使用、促进产业发展的目的，反而会进一步限制他人商标的正当使用以及对相关标志的使用，尤其在当前我国商标抢注、囤积问题突出的情况下，相当一部分适用反向混淆的案件存在商标权人“反向劫持”收获他人劳动成果的嫌疑。[3] 平衡成本收益，故不应当一般性地将反向混淆纳入商标混淆的规制范畴。现实中确实可能存在后来者通过大量广告来淹没商标权人在先商标的识别性“大鱼吃小鱼”的情形，但不必因噎废食，禁止他人一切利用情形。在现实问题并不突出的情况下，可在反不正当竞争法下对此类行为进行规制，综合考虑是否存在主观恶意、大规模宣传使用行为以及造成反向混淆的后果而认定是否构成不正当竞争。

三、以往司法实践

由于立法并未对反向混淆作出规定，在《商标法》实施后的很长一段时间内“反向混淆”都未被司法实践采纳。直到2002年在“冰点”案[4]中，重庆市第一中级人民法院认为，被告的使用行为会使消费者产生原被告之间存在特定联系而构成商标侵权，系第一件典型的商标反向混淆案件。在“蓝

---

〔1〕 参见黄武双：《反向混淆理论与规则视角下的“非诚勿扰”案》，载《知识产权》2016年第1期。

〔2〕 参见李扬：《商标反向混淆理论的“七宗罪”》，载《中国知识产权杂志》2017年第1期。

〔3〕 参见邓宏光：《商标反向混淆的司法应对》，载《人民司法(应用)》2017年第10期。

〔4〕 参见重庆市第一中级人民法院民事裁定书，(2002)民初字第533号。

色风暴”案[1]中，浙江省高级人民法院认为消费者误认包括反向误认而直接采用了反向混淆理论，此后实践中出现了一系列适用反向混淆判定商标侵权的案件。[2] 但目前实践中，不同法院对适用反向混淆仍然存在不同观点，可分为三种立场：(1)法院支持反向混淆理论并依此裁判商标侵权；(2)回避反向混淆理论的直接适用，但实质上对反向混淆行为进行规制；(3)仅从正向混淆角度作侵权判断，不承认反向混淆的理念。[3] 最高人民法院则主要从正向混淆的角度作出判断，在不构成正向混淆的情况下认定不构成商标侵权。

四、判决的参考价值

针对理论和实践中存在较大争议的反向混淆问题，最高人民法院在本案中表明了立场，其主要从正向混淆的视角出发，认定 Y 使用被诉侵权标识并不会导致消费者将其误认为相关产品由 X 所提供而不构成商标侵权，并未考虑消费者是否会将 X 商标误认为 Y 所提供，似乎是对反向混淆理论的否认。然而，其又在判决中指出，判断反向混淆应适用与正向混淆相同的规则，似乎又承认了反向混淆，导致其立场存在模糊性和矛盾性。未来，最高人民法院有待进一步明确立场和说理，为司法实践提供更明确的指引。

---

[1] 参见浙江省高级人民法院民事裁定书，(2007)浙民三终字第74号。

[2] 有学者统计，通过检索2002～2017年北大法宝及北大法意案例，共获得65件涉及商标反向混淆的裁判文书。参见朱双庆、金玉霜：《商标反向混淆侵权实证分析》，载《南京邮电大学学报(社会科学版)》2019年第4期。

[3] 参见毕文轩：《商标反向混淆类案件实证研究——以51例判决为视角(上)》，载《中华商标》2016年第8期。

011

侵权环节商标近似性判断之图文近似对比 / 吕亚妹

广州蒙娜丽莎建材有限公司、广州蒙娜丽莎洁具有限公司与苏友钦侵害商标权及不正当竞争纠纷案 / 浙江省高级人民法院民事裁定书，(2020)浙民申2032号

事实概要

广州蒙娜丽莎建材有限公司、广州蒙娜丽莎洁具有限公司(一审原告、二审被上诉人、再审被申请人，以下简称X)系第1558842号“蒙娜丽莎 Mona Lisa”商标的注册商标共有专用权人，该商标指定使用商品项目为第11类浴室装置等。该商标由X股东申请，于2001年4月21日获准注册，此前一直许可X使用，于2012年4月13日转让至X名下。

苏某(一审被告、二审上诉人、再审申请人，以下简称Y)于2014年12月30日获得蒙娜丽莎(意大利)集团控股有限公司授权使用其公司字号及第14310862号“Manglis”商标，该商标指定使用商品项目为第11类抽水马桶等。X认为，Y在其经营的淘宝店铺“你的我的蒙娜丽莎”内展示并销售的多款抽水马桶等商品上，使用了与其注册商标相同或近似的商标标识，且Y经营的淘宝店铺名称、网页介绍中大量使用“蒙娜丽莎”“蒙娜丽莎图像”等信息，侵害了其商标专用权，并构成不正当竞争，遂提起诉讼。

一审法院认为，Y在其开设的淘宝店铺销售两款商品名称中使用“蒙娜丽莎”字样，在商品一展示图片上使用“蒙娜丽莎图像”，在所销售的两款涉案商品所附纸质标签上标注“蒙娜丽莎图像”及艺术化的“manglis”标识，构

成商标性使用。在这些标识中，“蒙娜丽莎”字样与涉案商标的中文部分完全相同，整体构成近似商标；“蒙娜丽莎图像”标识与涉案商标构成近似商标。因此，Y 的上述行为属于未经商标注册人许可，在类似商品上使用近似商标的行为，容易造成混淆，属于侵犯 X 商标专用权的行为。对于使用艺术化的“manglis”标识，涉案商标为“蒙娜丽莎”中文与“MonaLisa”字母的组合商标，而艺术化的“manglis”系纯字母标识，与涉案商标相比有显著区别，不会造成相关公众混淆，不构成近似商标。就 X 主张 Y 在涉案淘宝店铺名称“你的我的蒙娜丽莎”中使用“蒙娜丽莎”字样的行为，构成不正当竞争。Y 不服提起上诉，二审驳回上诉，维持原判。Y 不服提起再审。

判决要旨

浙江省高级人民法院驳回再审申请。

是否构成侵权要判断被诉行为是否是将相同或近似商标使用在相同或近似商品上，构成相关公众对商品或服务来源混淆。因此法院会对商标是否近似予以认定。本案中，对于 Y 使用“蒙娜丽莎”文字的行为，其与涉案商标均为文字标识，在比对是否近似可考察构成要素是否相同，构成商标侵权相对清晰。对于 Y 使用“蒙娜丽莎图像”标识的行为，由于涉案商标为文字商标，因此图形与文字构成要素并不相同，在认定是否构成近似商标时，还需要考察其他因素。对此一审、二审及再审法院保持一致意见，最终认定构成近似商标，主要标准包括：第一，考虑了“蒙娜丽莎图像”标识截取自著名美术作品《蒙娜丽莎》中，该作品具有较高知名度，为我国相关公众所熟知；第二，被诉侵权标识为图像“蒙娜丽莎”，涉案商标为文字“蒙娜丽莎”，虽然构成要素各自体现为图形和文字，但两者的呼叫方式相同，指向的事物具有同一性，且具有稳定联系；第三，被诉侵权标识使用在坐便器上，该商品与涉案商标指定商品类别相类似，相关公众施以一般注意力容易联想到“蒙娜丽莎”字样，从而误认为被诉侵权商品与涉案商标商品源于同一主体或商品提供者之间具有关联关系；第四，涉案商标曾被认定为“广州市著名商标”，具有较高知名度，苏某作为同业者对此应当知晓，因此其被诉侵权行为难谓善意。因此，三级法院均认定，Y 未经商标权人许可，在类似商品上使用与涉案商标近似的被诉侵权标识，容易使相关公众对商品来源产生混淆误认，构成商标侵权。

评 析

一、判决思路和意义

本案三级法院在判断被诉侵权行为是否构成商标侵权时，均首先考虑了被诉侵权行为是否属于商标性使用，即是否将商标用于商品、商品包装或者容器以及商品交易文书上，或者将商标用于广告宣传、展览以及其他商业活动中，用于识别商品来源。Y 在其淘宝网店显示的商品名称中使用“蒙娜丽莎”字样，在商品展示图片上使用“蒙娜丽莎图像”，在涉案商品所附纸质标签上标注了“蒙娜丽莎图像”，上述标识清晰显著，明显起到识别商品来源的作用，构成商标性使用。其次，对被诉“蒙娜丽莎图像”标识与涉案商标是否近似进行比对。虽然本案被诉侵权标识与涉案商标构成要素并不相同，但三级法院均未仅从构成、整体效果角度去考量，而是从两个标识的本质观念判断。本案涉案商标为“蒙娜丽莎”，被诉侵权标识为“蒙娜丽莎图像”，其截取自著名画作《蒙娜丽莎》中蒙娜丽莎女士的肖像。该画作在国际及我国社会公众中均具有极高知名度，因此“蒙娜丽莎”四个字已经与美术作品《蒙娜丽莎》之间形成稳定对应关系，或者说具有同一性，且两者在呼叫及含义等方面相同，因此，法院在同时结合了涉案商标的知名度以及被诉侵权行为是否具有恶意的考量因素，最终落脚于是否会给相关公众带来混淆，从而认定被诉侵权图形标识与涉案文字商标为近似商标。

从本案案情来看，“傍名牌”“搭便车”的行为是商标侵权案件中一类较为普遍的情形,且方式呈现多样化,不局限于相同构成要素的商标近似,也包括了图形与文字之间不同构成要素的近似情况。在此情况下,法院需要在判断商标是否近似时,更深刻地理解商标近似的含义及立法意图,进一步明晰判断商标近似的判断标准,以避免对商品或服务来源造成混淆。本案中,三级法院均综合考虑了《蒙娜丽莎》画作的知名度、相关公众对图形及文字的关联性的认可、涉案商标的知名度以及被诉侵权人的主观恶意等角度综合考虑,最终作出了会造成相关公众对商品或服务来源误认或认为来源具有一定关联性的认定,具有很强的借鉴意义。

二、相关规范与学理

商标权的核心在于避免消费者对商品或服务的出处产生混淆。[1] 商标权人有权禁止他人在相同或近似的商品上使用相同或近似商标,从而避免造成混淆。因此,如何认定"近似商标",对确定商标侵权行为以及保护商标权人禁用权能具有重大意义。而在侵权环节判断"近似商标"时,学界及司法实践也基本达成共识,即不仅仅从标识的音、形、义等构成是否近似来考虑,而且综合考虑其他因素,最终以商标是否造成相关公众混淆作为判断标准。在"鳄鱼"案[2]中,最高人民法院指出:"侵犯注册商标专用权意义上的商标近似应当是指混淆性近似,即足以造成市场混淆的近似。由于不同案件诉争标识涉及情况的复杂性,认定商标近似除通常要考虑其构成要素的近似程度外,还可以根据案件的具体情况,综合考虑其他相关因素,在此基础上认定诉争商标是否构成混淆性近似。"

对于判断"商标近似"的主要因素,我国《商标法》并未明确规定,仅在第57条第2项规定了"未经商标注册人的许可,在同一种商品上使用与其注册

---

〔1〕 参见黄晖:《商标法》(第2版),法律出版社2016年版,第112页。

〔2〕 参见最高人民法院民事裁定书,(2009)民三终字第3号。

商标近似的商标,或者在类似商品上使用与其注册商标相同或者近似的商标,容易导致混淆的",属于侵权行为。在《最高人民法院关于审理商标民事纠纷案件适用法律若干问题的解释》(2020 年修正)第 9 条、第 10 条对商标近似的判断标准及原则进行了规定,主要为以相关公众的一般注意力为标准,在比对对象隔离状态下对商标进行整体以及主要部分的比对,该比对应从音、形、义或者整体结构等进行要素的比对,同时结合注册商标的显著性和知名度,最终落脚于是否易使相关公众对商品的来源产生误认或者认为其来源与注册商标商品存在特定联系。除上述规定外,被诉侵权行为是否具有恶意也是要考量的因素之一。

三、以往司法实践

对于"近似商标"的比对,发生在相同构成要素的标识之间较多,如文字商标之间、图形商标之间或图文商标之间。对于图形标识与文字标识之间的比较,在以往司法实践中的行政授权确权类案件中有所涉及,其对于图形商标与文字商标是否属于"近似商标"的判断标准是与本案相一致的。如"蓝精灵"案[1]中,刘某在第 30 类的咖啡、茶、糖果、糕点等商品上申请"蓝精灵"商标,而第三人培育制作室有限公司已在第 30 类上申请了""蓝精灵图形商标,该案件被商标评审委员会、一审法院及二审法院均认定属于近似商标。其中二审法院认为,认定商标近似,要考虑商标构成要素及整体近似程度,也要考虑相关商标的显著性和知名度、所使用商品关联程度等因素,以是否容易构成混淆为判断标准。该案中,"蓝精灵"动画片对于中国相关公众具有一定知名度,"蓝精灵"文字申请注册在"蓝精灵"图形商标已指

〔1〕 参见北京市高级人民法院行政裁定书,(2016)京行终 1530 号。

定使用商品上，易使相关公众对两者源于同一主体或提供者之间具有特定联系产生混淆误认，因此认定两者属于“近似商标”。在“企鹅”案[1]中，黄某申请注册“企鹅 QIE”商标，指定使用在第 9 类秤、衡器、台秤等商品上。而浙江省永康市企鹅衡器有限公司已申请“”企鹅图形商标，核定使用在第 9 类弹簧度盘秤、台秤商品。该案中商标评审委员会及北京市高级人民法院均认为两枚商标为近似商标，而北京市第一中级人民法院（以下简称一中院）则认为不近似。其中一中院认为图形商标中鸟类动物属于抽象图形，不易为相关公众识别为“企鹅”图形，二者在构成要素、内容含义和视觉效果上区别显著，未构成近似商标。而北京市高级人民法院认为，是否近似不能仅以标识本身进行对比，还要结合其他证据整体判断，相关公众是否能将图形商标所代表的形象与“企鹅”联系起来。之后，北京市高级人民法院结合使用证据，以及双方当事人均处于浙江省永康市地域内，双方属于同一行业，黄某具有主观恶意等因素综合考虑，认定两商标为“近似商标”。

四、判决的参考价值

结合本案及以往案例，可见对于图形标识与文字标识是否为“近似商标”的判断，主要以个案方式进行，并统一根据“近似商标”认定规则进行判断。一般来说，对于“近似商标”的判断，首先以一般公众注意力为标准，采取整体比对与主体比对相结合的方式，同时结合已注册商标的知名度、市场使用情况、商品类别、被诉侵权行为是否具有主观恶意等因素综合考虑，最终判断是否会造成相关公众对商品或来源的混淆可能。对于图形标识与文字标识的比对，图形本身知名度，以及图形与文字是否构成稳定关系或同一关系，也是法院主要考虑的要素。如果图形本身并非具有一定知名度，则法

---

[1] 参见北京市高级人民法院行政裁定书，（2013）高行终字第 1678 号。

院也会考察该图形是否经过使用,使相关公众将图形、商品来源以及文字之间形成一一对应关系,从而进一步判断是否造成商品来源混淆的可能。

此外,被诉侵权行为人是否具有恶意也是认定是否构成“近似商标”的一个重要因素。结合双方提供的证据,如果注册商标具有一定知名度,被诉侵权人为同业经营者,其有合理避让的义务,而被诉侵权人反而违背诚实信用原则,存在攀附注册商标的主观恶意,则其行为是应被法律禁止的。

本案对于确定图形标识及文字标识为“近似商标”的判断标准及原则,具有积极的指导意义。但本案中“蒙娜丽莎”文字及图形在我国公众中均具有极高知名度,较易认定已形成稳定关系,而目前对于图形标识与文字标识是否构成近似并未有相对细化标准,且主要为个案审查,因此,对于达到何种“程度”知名度,可以排除构成要素并不相同的文字或图形标识的使用,以及对于图形标识和文字标识是否构成近似的具体标准,还有待于对“近似商标”标准的进一步明确。

012

侵权环节商标近似性判断之处理老字号问题 / 管育鹰

北方国际集团天津同鑫进出口有限公司与天津市鹦鹉乐器有限公司侵害商标权纠纷案/最高人民法院民事判决书,(2020)最高法民再25号

事实概要

"鹦鹉乐器"曾被认定为"中华老字号"。计划经济时期,仅外贸企业可注册含外文商标。1962年1月,中国轻工业品进出口公司天津分公司(以下简称M)注册了"鹦鹉PARROT"商标,用于出口天津市乐器厂生产的手风琴等商品。该商标2004年9月14日转让给北方国际集团天津同鑫进出口有限公司(一审被告、二审上诉人、再审申请人,以下简称Y1)。

天津市乐器厂(以下简称N)1979年10月注册了"鹦鹉YINGWU"商标,同样用在第65类手风琴、提琴等商品上,也于2004年9月14日转让给天津市鹦鹉乐器有限公司(一审原告、二审被上诉人、再审被申请人,以下简称X)。进出口制度改革后,两商标曾发生过冲突;原所有人曾签订协议约定,"鹦鹉PARROT"商标用于国外市场,"鹦鹉YINGWU"商标用于国内市场。

2017年,Y1许可天津市森德乐器有限公司(一审被告、二审上诉人,以下简称Y2)在手风琴上使用"鹦鹉PARROT"商标,并在国内进行生产销售。X认为两被告侵害了其注册商标专用权,遂起诉至法院。

一审法院认为,两鹦鹉商标在相同商品类别上同时存在,是基于早期进出口体制形成的局面,后来两商标的原所有人曾就商标的使用达成协议,Y1作为商标继受人对两商标的历史背景、销售地域格局有较深了解;在"鹦鹉

YINGWU”商标已形成辐射全国的高强度知名商标的情况下，应尊重历史沿革，进一步发挥其品牌优势拓宽海外市场。Y1许可他人在国内销售的行为，打破了两商标历史上形成的权利格局，触碰了X商标的权利界限，侵害X注册商标专用权，并构成不正当竞争。一审判决后Y1、Y2提出上诉。二审驳回上诉，维持原判。

Y1不服，向最高人民法院提起再审。

判决要旨

最高人民法院撤销一审、二审判决，驳回X全部诉讼请求。

“鹦鹉PARROT”和“鹦鹉YINGWU”在商标标志构成要素、呼叫、视觉效果等方面均存在区别，并非“相同的商标”或“同一商标”，其各自的专用权范围应当适用商标法的规定加以认定。

在我国《商标法》施行后，“鹦鹉PARROT”商标才可以在内销的核定商品上使用，即仅就内销的手风琴商品而言，“鹦鹉YINGWU”商标是在先的注册商标。但是，以出口和内销商品为标准，划分注册商标专用权范围的结果，并非由商标注册人的原因造成的，也与商标法仅以商品和服务类别为依据审查商标注册申请的基本规定相冲突。在相关法律障碍消除、商标注册人的商标专用权恢复至圆满状态的情况下，再坚持对两个同时有效的注册商标人为地作出口与内销领域的划分，要求一方商标注册人继续承受已经缺乏法律依据的限制性条件，显然不符合“民事主体在民事活动中的法律地位一律平等”的法律要求，也与商标法促进社会主义市场经济发展的立法宗旨不符。

作为有效的注册商标，两商标均在其各自核定使用的商品上享有专用权，不应区分其所使用的商品是否用于出口或者内销。一审、二审法院将“鹦鹉PARROT”商标的专用权范围限缩于出口商品上，缺乏法律依据，属于适用法律错误，最高人民法院对此予以纠正。

评　析

一、判决思路和意义

本案是典型的涉及历史因素的与老字号商誉划分相关的商标侵权纠纷。从再审法院的思路看，首先，虽然依据1950年施行的《商标注册暂行条例》，Y1商标注册时只能将使用区域限定为国外，但《商标法》实施后这一限制已经取消，而《商标法》的历次修改均明确了已经注册使用的商标继续有效，因此Y1商标是有效状态，且在内销使用上不存在法律障碍。其次，从审理中双方提交的证据所确认的事实看，虽然两个鹦鹉商标的原所有人曾有过内外销协议，但多年来因企业改制、转让许可等因素，双方对商标有过多次确权侵权纠纷，事实上在现行市场经济条件下，历史上划分同一老字号不同使用者内外销区域的方式很难执行。最后，法院结合两商标在客观外在符号形态上不完全相同、同时为有效注册商标的事实，判决其在各自核定使用商品上享有专用权，不再区分其所使用的商品是否用于出口或内销。这一划定老字号相关商标权使用边界的判决思路对类案具有参考意义。

二、相关规范与学理

（一）商标近似性认定时对历史因素的考量

在一些特殊的商标纠纷中，裁判者需要考虑商标形成和使用中的历史因素。老字号相关的商标权纠纷，特别是有历史和涉外因素的商标侵权纠纷，是我国司法实践中不时面对的具有中国特色的问题，因为这类纠纷很多是由于社会经济制度的变革和法律制度的变化引发的。其中，最典型的是老字号中的同源经营者分别使用相同或近似商标字号的问题、他人将老字号作为商标抢注的问题、老字号原经营者或其后人在经营中断后又重新经营的问题,以及本案中的工贸分离体制造成的同一老字号分解为相同或近似商标分属不同主体问题等。对于这些历史背景复杂的纠纷,应当贯彻司法政策的要求,全面考察其形成的历史原因,尊重已经形成的市场和法律秩序,平衡各方利益,进行公平合理的裁量,实现裁判的法律效果和社会效果的统一。

(二)形式上合法并存的相同或近似商标的冲突解决思路

由于商标、字号等商业性标识,在权利产生的相关法律规则方面尚未体系化,再加上我国社会经济体制变革等历史原因,实践中相同或类似的商业标识权益分属不同权利主体,且形式上均处于合法状态的情形,因不同主体行使各自权利而发生冲突的现象在我国并非少见。从商标法、反不正当竞争法本身的条文来说,难以针对包含历史、涉外、经营主体传承关系等这些复杂因素的纠纷冲突解决直接提供明确的法律规范,只能由司法者结合个案事实进行裁判。对此,最高人民法院自2009年以来出台了《当前经济形势下知识产权审判服务大局若干问题的意见》等司法政策和指导意见,指出要尊重商业老字号发展历史,准确把握当前市场的客观认知,平衡各方利益。总体而言,本案在裁判中采取的既尊重历史,也结合现实,进一步划清各自权利范围、兼顾双方利益平衡的思路,符合公正与效率原则。

三、以往司法实践

我国法院在以往的司法实践中,已有不少案件在判断商标侵权时考虑了历史因素,尤其是涉及老字号的商标侵权争议。其总体思路是为了保障已经形成的市场,应允许被告在原有的范围内继续使用,或在其使用时添加足以产生区别的标识,避免采用与原告同样的方式使用老字号。例如,在"张小泉"案[1]中,持有注册商标与企业名称发生争议的双方都不是"张小

---

〔1〕 参见上海市第二中级人民法院(1999)沪二中知初字第13号,上海市高级人民法院(2004)沪高民三(知)终字第27号。

泉”老字号的传人，法院考量了各方权利取得的先后顺序、知名度以及都对“张小泉”品牌作出了贡献、被告主观上并无恶意、现有市场格局需要稳定等情况，判定不构成商标侵权和不正当竞争，但应规范使用企业名称，不能扩大使用字号范围。在“狗不理”案[1]中，法院认为，虽然原告是“狗不理”老字号所有人，但被告经营的商品也有其历史渊源；最终判决被告天丰园饭店只能在菜品名称中保留“狗不理猪肉灌汤包”字样，不能在企业宣传中出现“狗不理”三个字。

在涉及公私合营、企业改制、并转立等特定历史因素的案件中，“历史渊源”是法院考虑的重要因素之一。在“東祥”案[2]中，最高人民法院指出，早在1949年，中国人民银行东北区行分别在哈尔滨和沈阳设立国营金店，均以“东祥”为字号……各自使用“东祥”标志的历史渊源是客观存在的……双方分别经过改制、债权转让等程序成为或者设立目前的哈尔滨东祥公司和辽宁东祥公司，应当在尊重历史、分享成果、诚实信用、公平竞争的前提下使用各自的商标，尽可能彼此区分，共同发展。类似的案例还有“宏济堂”案[3]等。当然，如果与老字号的渊源无法举证证明，则在原有范围继续使用商标或字号须严格注意防止越界问题；在川渝两家因“同德福”老字号引发的纠纷[4]中，基于对同德福斋铺历史渊源的考证，法院最终判定被告与老字号无渊源，但假借老字号历史美誉进行宣传，构成不正当竞争。

四、判决的参考价值

本案中，法院对于历史因素的考察，沿袭了此前司法实践中的做法，在因制度改变而产生的纠纷中如何考量历史因素的问题上，进一步明确了结

[1] 参见最高人民法院民事判决书，(2008)民三监字第10-1号。
[2] 参见最高人民法院行政裁定书，(2016)最高法行再73号。
[3] 参见最高人民法院民事裁定书，(2014)民申字第1192号。
[4] 参见重庆市高级人民法院民事裁定书，(2013)渝高法民终字第00292号。

合事实形成的特定历史原因和发展过程、市场格局和现状来划定相关商业性标识的权利边界的思路，值得参考。本案考虑到我国商标法律法规对包含外国文字的商标的申请注册，经历了一个从只能外销的附加限制条件到该限制条件被完全取消的历史过程，尤其是出口商品的商标注册在先、内销商品的商标注册在后，以及近年来双方均不再区分内外销从而已经发生多起纠纷的事实，认定不应再对使用外国文字的商标使用范围的进行限制是合理的。事实上，只要双方均诚信使用各自注册商标，就不会损害彼此的合法权益。

不过，涉及复杂历史因素的老字号问题，的确是我国商标侵权纠纷中的难点，很多案件双方当事人均自认为有历史渊源，自己才是正宗的传承者，是特定商品或服务来源的合法提供者。因此，很多案件都是反复长期纠缠，难以很快达成共存的共识，一些案件即使经过最高人民法院再审也难以平息争议。在“稻香村”案[1]中，面对争议多年的商标申请授权纠纷，法院认为，通常情况下，被异议商标与引证商标构成使用在相同或者类似商品上的近似商标的，不应予以核准注册；但本案具有复杂的历史因素，当一方当事人主张被异议商标系对其在先字号及在先注册商标的延续时，判断其应否被核准注册，除依据商标法的规定外，亦应对历史、现实以及业已形成的市场秩序给予充分的尊重，在尽可能地划清有关商业标识之间界限的基础上，公平合理地作出裁判。但是，最高人民法院的这一表态仍未有效化解争议，北京、苏州两家稻香村公司虽然各自在第30类商品上注册了商标，实际使用中多年来均着重使用“稻香村”字号，从而也发生了多起民事纠纷。对于此类问题如何解决，值得进一步研究加以明确。

---

〔1〕 参见最高人民法院行政判决书，(2014)知行字第85号。

013

侵权环节中“互联网+”背景下商品或服务类似性的判断 / 张鹏

广州钧易信息技术有限公司与深圳荷包金融信息咨询有限公司侵害商标权纠纷案 / 深圳市中级人民法院民事判决书,(2019)粤03民终31635号

事实概要

广州钧易信息技术有限公司(一审原告、二审上诉人,以下简称X)于2013年12月20日在国际分类第9类商品上申请注册“荷包”商标并于2015年4月14日获得核准,该第13773587号“荷包”文字商标核定使用在数据处理设备、磁性身份识别卡、计算机外围设备、已编码磁卡、读出器(数据处理设备)、集成电路卡、智能卡(集成电路卡)、计算机程序(可下载软件)、磁性编码身份鉴别手环、USB闪存盘等商品。

深圳荷包金融信息咨询有限公司(一审被告、二审被上诉人,以下简称Y)成立于2014年9月3日,是一家主要为客户提供金融理财服务的公司,经营范围为金融信息咨询、投资管理等。Y于2015年12月7日申请注册“荷包贷”商标并于2017年5月14日获准,核定使用在第9类可下载的计算机应用软件、计算机程序(可下载软件)、已录制的计算机操作程序、USB闪存盘、已编码钥匙卡、电子出版物(可下载)、已录制的计算机程序(程序)、计算机外围设备、钱点数和分检机、支票记录机等商品。

Y推出金融类手机应用软件“荷包”App(分ios版本和android两个版本),通过App可存入资金进行投资理财获取收益并提现,Y还运营“荷包”微信公众号和“www. hebaodai. com”网站,该网站首页左上角使用了“荷包

金融”标识。

X指控被告Y在其网站上使用“荷包金融”“荷包理财”“荷包贷款”等标识，以及通过苹果商店和安卓系统提供“荷包”App软件下载、安装、使用的行为，侵害了其“荷包”注册商标专用权。

一审法院认为，Y在其App上使用的“荷包”名称与X的“荷包”文字注册商标相同，且App属于其“荷包”文字注册商标核定使用的商品种类中的计算机程序，故本案判断Y是否构成侵权的行为，关键在于Y将“荷包”作为其商品名称使用是否具有误导公众的主观故意。对此，鉴于X的注册商标显著性不强、知名度不高，而Y的使用行为具有合理的理由和一定的正当性，不能认定Y使用与X注册商标相同的“荷包”作为其商品名称的行为具有误导公众的主观故意，Y的行为不侵犯X第13773587号“荷包”注册商标专用权。X不服，提起上诉。

判决要旨

深圳市中级人民法院驳回上诉，维持原判。

虽然Y在App平台上提供的金融类手机应用软件，其服务核心仍然是为客户提供金融理财服务，该款应用软件仅是将提供金融理财服务的场所从实际场地变为互联网线上服务。

在发展迅速的互联网经济下，传统行业开始借助移动互联和通信工具等开发应用程序，在此基础上对传统行业进行整合，形成不同于传统行业依赖的运营模式，尤其是在“互联网+”的经济模式下，更多的行业将业务延伸到互联网平台，依托互联网平台开发和整合业务。为了适用互联网平台发展，提供服务的行业均需推出适用互联网平台模式的应用环境和技术，要求在即时移动通信设备所提供的平台上传应用程序以供客户下载使用其提供的服务。虽然客户使用服务的方式发生改变，但为客户提供的服务在实质上并未发生根本变化，只是服务场所转移至互联网平台。在这种背景下，划分商品和服务类别，不应仅因其形式上使用了基于互联网和移动通信平台运营要求的而产生的应用程序，就机械地将其归为此类服务，而应从服务的整体进行综合性判断，从符合"互联网＋"新业态的实际情况，分析"商品或服务"的特点，在坚持已有类似商品判断规则的基础上作出更谨慎和符合行业实际的判断，尤其应当综合、整体地考虑被诉商品或服务的实质特点，不应片面机械地将其归类。

Y的"荷包"App提供服务的实质仍然是金融理财服务，虽然要求客户在智能手机上安装使用第三方应用程序，但是其服务内容并未发生实质性变化，只是为客户服务的场所转移至互联网平台。故本院认为，本案在确定两者是否为相同和近似类服务时，应当首要关注Y在苹果和安卓等系统上传"荷包"App产品所提供的金融理财服务，Y提供其理财服务而非软件，"荷包"App作为计算机应用程序，只是提供服务的载体。

根据X的微信公众号"荷包"发布的文章显示，其运营的"荷包"平台是销售支付磁条卡产品并分成的模式。X使用方式本身也是宣传带有支付功能的磁条卡，也未提供软件产品。故从两者使用的实际情况来看，亦难以认定构成相关公众的混淆。

据此，X请求保护的第13773587号"荷包"文字商标核定使用类别为第9类计算机软件产品，与被上诉人荷包公司的"荷包"App不属于相同或类似商品或服务。

评　析

一、判决思路和意义

本案属于"互联网＋"背景下涉及商品或服务类似性判断的典型案例，对其意义业已有法官撰文论及。[1] 特别

〔1〕参见祝建军：《互联网＋背景下商品或服务类别的区分》，载《人民司法》2020年第29期。

是，判旨中"在互联网+技术和经济背景下，企业已不再局限于传统线下进行交易，而开始利用互联网进行线上宣传与交易。判断被控侵权标识所标注的商品或服务的类别，不应以被控企业利用 App 或微信公众号等互联网技术进行交易，就机械地认定被控侵权标识所标注的商品或服务属于计算机程序等类别，而应根据被控企业所提供的具体经营业务的性质，来判断被控侵权标识所标注的商品或服务的类别"的论述，对于今后类似判决具有突出的指引作用。

二、商品或服务类似性的判断标准

我国《商标法》第 57 条第 2 项规定的仿冒侵权将商品或服务的类似性作为侵权的构成要件之一，而且《最高人民法院关于审理商标民事纠纷案件适用法律若干问题的解释》第 11 条对其判断作出了具体规定，即"类似商品，是指在功能、用途、生产部门、销售渠道、消费对象等方面相同，或者相关公众一般认为其存在特定联系、容易造成混淆的商品。类似服务，是指在服务的目的、内容、方式、对象等方面相同，或者相关公众一般认为存在特定联系、容易造成混淆的服务。商品与服务类似，是指商品和服务之间存在特定联系，容易使相关公众混淆"。

特别是在互联网时代，任何产业进行"互联网+"模式的经营活动，均需要使用计算机辅助设备，包括软硬件，而服务往往都是借由线上的软件进行提供的。那么，如果一个主体注册了第 9 类中的"可下载的计算机应用软件"等商品的商标，就认为其控制了一切通过软件提供各类服务，将极大地限制"互联网+"新业态的发展，因此应当结合"互联网+"业态的特点，从产业实质上考虑商品服务是否类似。也正因如此，既有案例中提出：划分商品和服务类别，不应仅因其形式上使用了基于互联网和移动通信业务产生的应用程序，就机械地将其归为可下载软件商品类别或者通信服务类别，而应从服务的整体进行实质性判断，不能以是否使用计算机软件、互联网通信作为确定是否属于可下载软件这一类商品和互联网通信服务的标准（“ofo小黄车”案[1]）。

三、以往司法实践

在已有司法实践中，对于商标权人注册的商标在第9类中的“可下载的计算机应用软件”等相关商品上，而被控侵权主体在电脑或手机App上提供应用软件的下载并提供相关服务时，在判断二者是否属于类似服务上存在不同的观点。

有案例直接认定，只要被控侵权主体在提供可供下载的App上使用标识的行为，就落入了商标权人在第9类上注册的商品类别。例如，在“周薪薪”案[2]中原告在第9类的“已录制的计算机程序、计算机程序（可下载软件）”商品上拥有“周薪薪”商标。涉案的“打工网周薪薪”App系一款可供下载的软件，法院就认定其与原告的涉案注册商标核定使用的计算机程序（可下载软件）商品相同。在“海马体”案[3]中，原告注册商标核定使用商品为第9类，包含可下载的计算机应用软件等，而被诉侵权软件“海马体证件照相机”为计算机软件，与该注册商标属于相同商品。在“言值”案[4]中，被告涉案手机软件为手机用户在线提供视频服务，该服务与原告注册的“言值”商标核定使用商品计算机程序（可下载软件）、可下载的计算机应用软件在功能用途、消费对象、销售渠道等方面联系非常密切。

近期也有案例并不是统一地认定只要提供了计算机软件的下载就构成对第9类商标的侵权，而是综合考量服务架构的物理属性、服务对象、内容、

[1] 参见北京市海淀区人民法院民事判决书，(2017)京0108民初40039号。
[2] 参见上海市徐汇区人民法院民事判决书，(2020)沪0104民初4063号。
[3] 参见天津市高级人民法院民事判决书，(2021)津民终53号。
[4] 参见北京知识产权法院民事判决书，(2019)京73民终3212号。

目的、方式等要素进行综合性的判断。如在上述“ofo 小黄车”案中，从服务架构的物理属性上看，被告所从事的实质为互联网租赁自行车或共享单车，是移动互联网和租赁自行车融合发展的新型服务模式，是分享经济的典型业态；从服务对象、内容、目的、方式等上看，被告使用“ofo 小黄车”或“小黄车”服务的对象是特定的，即骑行者；其服务内容与目的是出租自行车给骑行者。而原告第 9 类涉案注册商标核定使用的“可下载的计算机应用软件”等商品，能够作为商品独立存在、交换，其功能和目的是处理、存储和管理信息数据等，针对的是使用该程序和软件进行信息化处理的相关公众。其与被告服务在目的、内容、服务方式、消费对象等方面不相同，亦不存在容易使相关公众混淆的特定联系。

类似的判断也体现在“汇掌柜”案〔1〕中。该案中法院指出：消费者下载安装并使用相关 App 是为了使用和享受其提供的相应服务。因此，不能单纯以 App 名称是否与权利人的标识近似来认定双方的商品或服务是否构成近似，而应当结合被诉 App 的主要功能即其衍生服务的类别来认定双方的商品或服务是否构成近似。

同时，也有案例从反面论证了该逻辑，即原告将注册商标在具体的服务类别上，而被告使用在供他人下载计算机程序之上，此时法院认定二者亦不构成侵权。对此，在“易阳指”案〔2〕中，法院指出：从被告的使用来看，被告对于“易阳指”的使用并非如原告所述是使用在名为“易阳指”的金融产品或服务上，而实际是将“易阳指”作为一种软件名称来使用。

四、判决的参考价值

本案一审和二审判决虽然在结论上均认定被告在 App 上使用标识的行

〔1〕 参见重庆市渝中区人民法院民事裁定书，(2020) 渝 0103 民初 12251 号。
〔2〕 参见上海市浦东新区人民法院民事裁定书，(2016) 沪 0115 民初 79895 号。

为并未侵犯原告注册商标权，但两判旨在具体判决理由的论证上却截然不同。一审判决支持了既有司法实践中直接认定凡是提供软件下载及服务的行为就进入第9类商品的范围，即一审判决认为二者属于相同类别。面对被告在同一种商品上使用与原告注册商标相同的标识的行为，一审判决提出了是否具有主观恶意的要件，即由于原告商标显著性不强、知名度不高，且被告的使用行为具有合理的理由和一定的正当性，因此不能认定构成侵权。但是此种判断并不符合假冒侵权判断的一般原理，而主观故意要件仅仅在损害赔偿的数额计算上发挥作用，在是否构成假冒侵权方面并不能作为否定侵权的要件。相较一审判决，二审判决采取了既有司法实践中的另一种观点，即综合考量被告服务架构的物理属性、服务对象、内容、目的、方式等要素，进而得出被告服务与原告在第9类上注册的商标并不属于类似的类别。

考虑到“互联网+”模式下，原有线下服务类型均会向线上转型，但其提供服务的本质并未出现变化，并不能因其在线上提供服务时会附带使用标识提供下载行为就认定构成对第9类商品类别的侵权。本案二审判决在纠正一审判旨的基础上，进一步明确了应根据App的功能、用途、消费群体和服务目的等，综合考虑商品或服务的实质性特点来进行商品或服务类似性判断的观点，这对于促进“互联网+”新业态的发展具有积极的意义。

014

侵权环节商品或服务类似性判断 / 管育鹰

北京棉田纺织品有限公司与无印良品(上海)商业有限公司侵害商标权纠纷案/江苏省高级人民法院民事判决书,(2020)苏知终7号

事实概要

北京棉田纺织品有限公司(一审原告、二审上诉人,以下简称X)于2000年7月27日成立,2004年7月21日受让取得注册在第24类棉织品上的“无印良品”商标,2015年6月7日注册取得同类别“無印良品”商标。2011年X授权北京无印良品投资有限公司使用,其“无印良品”品牌的毛巾制品、床上用品、家居服等多次获奖。

无印良品(上海)商业有限公司(一审被告、二审被上诉人,以下简称Y)的母公司日本株式会社良品计划于1999年起陆续注册取得了第24类的“無印良品 MUJI”“MUJI”和第35类服务上的“無印良品”等商标,Y经母公司许可使用。X认为,Y在其网店页面、宣传用语、声明上使用“MUJI 無印良品”标识,在第24类商品所附外包装袋上标注“MUJI 無印良品”“無印良品”,并在其销售的第24类商品随附购物明细单顶端标注“MUJI 無印良品”标识的行为,侵害了X的商标专用权,遂提起诉讼。

一审法院认为,Y在涉及第24类商品的标识上仅单独标注“MUJI”,对X涉案商标已尽到合理避让义务;结合被控侵权标识实际使用状态,综合考虑双方品牌发展、标识使用背景、现实市场格局以及消费者认知状态等因素,Y的行为依法不构成侵害X的商标专用权。X不服上诉。

判决要旨

江苏省高级人民法院驳回上诉，维持原判。

商标最基本的功能是区分商品或服务的来源，为实现这一功能，商标法旨在保护相关公众不因商标的使用而造成商品或服务来源的混淆。从商业模式看，“無印良品”专卖店是一种主要提供自有品牌零售服务的综合性杂货店铺，Y 对自有商标的使用及相关公众由此产生的认知，应该是指示识别服务提供者来源，而非为了区分某类特定商品，因此不会导致相关公众混淆。

评 析

一、判决思路和意义

本案一审法院指出，在 X、Y 两者的商标权均有效的情况下，权利边界如何划定是本案判断的关键。商标作为一种市场标识，其不仅仅是由文字、图形等构成的一种符号，更重要的是凝结了实际使用者的商誉，且往往代表的是一种市场格局或者市场格局的划分。因裁判不能仅仅拘泥于对被控标识是否构成商标意义上的使用以及该种使用是否容易导致混淆或误认的简单判断，而应当在尊重历史及已经客观形成并稳定的现实市场格局的前提下，尽可能地厘清双方商业标识的权利范围，本着积极倡导诚信经营、充分保障消费者认知和识别的原则，对 X 涉案商标的禁用权范围作出合理限定。Y 对相关标识的使用符合商业和市场交易习惯，事实上已经对 X 的涉案商标权履行了合理的避让义务。鉴于目前双方各自在不同类别上持有与“无印良品”或“無印良品”相关的商品或服务商标，且双方提供的商品在客观上又存在部分重合，商标事实上的割裂状态对于公众来说会显著加大其识别成本，增加识别难度，从正常市场秩序的维护以及消费者利益保护角度来看，应对双方各自权利范围作出明确的划分和限定。二审法院指出，Y 对被控侵权标识的使用系用于识别其提供的服务来源，而非为了区分其所提供的特定商品来源，因此不会导致相关公众的混淆。

本案的发生及两级法院的判决表明，鉴于因注册类别不同，相同或近似的注册商标在一定范围内交叉并存不时发生争议的情形仍是值得关注的问题，特别是在域外驰名商标的认定与保护规则尚不十分清晰、难以通过程序撤销某一注册商标来解决的情形下，法院需要在相关商标侵权纠纷中更准确地把握商标法的宗旨，划定不同主体的商标权边界，使双方利益获得最佳平衡。在说理方面，对混淆可能性应坚持综合判定原则，两级法院结合事实考虑了商业经营模式、实际使用情况、商业惯例及相关公众一般认知、稳定的市场格局、历史知名度等因素，均值得借鉴。

二、相关规范与学理

混淆可能性认定是商标侵权理论的基石，是商标保护的核心问题。[1]商标侵权理论如何体现和应用到立法、执法中，是整个商标法律制度运行的侧重点。由于我国商标注册存量巨大，其中不乏存在潜在的交叉冲突，甚至侵害在先权利等问题的商标。但是，要复盘历史倒追当时的情形，撤销其中某些商标或认定其无效以消除冲突，往往需要充分的证据理由以及时间精力。对此，依据商标使用的客观事实、行为人的主观心态以及公众一般认知，判定某具体使用行为是否属于符合商业惯例和诚信地对自己商标的正当使用，是否足以导致相关公众混淆，是一个较为务实的方案。

一般来说，商品商标会附着在商品上在销售场所和店铺展示、宣传，而服务商标则在服务场所、服务招牌、服务工具上使用，但实践中二者的使用场景有时难免产生交叉重合，在不同类别商标分属不同主体的情形下，容易引起纠纷。尽管商标注册时要依据《类似商品和服务区分表》指定类别，但

---

〔1〕 参见黄晖：《驰名商标和著名商标的法律保护——从识别到表彰》，法律出版社 2001 年版，第 61 ~ 62 页。

判定是否侵权并不拘泥于此类别划分,而是要从商标法的基本理论去认识,这其中涉及诸多复杂因素,如商标标识本身的显著性、商品的关联程度、商标本身在客观上的近似性、是否有实际混淆的证据、销售渠道以及所涉商品的功能、用途、价格、质量等。[1] 从理论上说,对两个同样处于有效状态、标识本身的外在形态相同或近似、注册在不同类别的商标,发生冲突纠纷时应考虑并存的事实,结合商品或服务提供者的经营历史、市场信誉,相关标识的实际使用情况、使用者的主观认识、相关公众的认知等因素,综合分析判定具体行为究竟是否落入对方商标权范围。

三、以往司法实践

在不同主体对不同类别的商品和服务拥有相同或近似注册商标,并指控对方侵权的情况下,判断被控行为是否越界的关键在于准确区分商品提供行为与服务提供行为,对此,我国司法实践是依据个案具体情形灵活判定的。在"永和豆浆"案[2]中,法院认为,弘奇永和公司系核准注册在餐馆服务上的涉案商标的独占许可使用人,鑫永和小吃店在豆浆等商品上拥有"鑫永和"商标;由于各自商标核定使用的类别不同,只要两者均在自己的合法权利范围内规范使用,即可互不干涉,均不构成对他人权利的侵犯。但是,鑫永和小吃店在店招上突出使用"台湾鑫永和豆浆"字样,实际上是将"鑫永和"注册商标使用在提供服务的过程中,属于对注册商标的不规范使用,其在店招上使用的标识与涉案商标构成近似,容易导致消费者产生混淆、误认,构成商标侵权。在"紫燕"案[3]中,法院认为,虽然被告嘉州紫燕公司在第35类和第42类服务上注册有"嘉州紫燕"服务商标,但从该公司的网络

[1] 参见孔祥俊:《商标及不正当竞争法原理和判例》,法律出版社2009年版,第295页。
[2] 参见福建省高级人民法院民事判决书,(2020)闽民终492号。
[3] 参见北京市第二中级人民法院民事裁定书,(2014)二中民(知)终字第08862号。

宣传、销售对象以及营销目的来看，其网站上包含“紫燕”文字的宣传均是面向终端消费者，配合了食品图片，属于在食品类别上使用包含“紫燕”文字的各类用语，构成侵权。在“茶里”案[1]中，关于在饮料杯和包装袋上使用的标识是服务商标还是商品商标，法院认为，这一判断主要取决于对该标识物质载体是服务工具还是商品包装或容器。涉案店铺在提供现制餐饮服务中所售卖的茶饮料是一种可以带离经营场所的商品，且该类商品外带居多，故随所售卖茶饮料一起提供的饮料杯和包装袋属于商品包装，被诉侵权行为成立。

四、判决的参考价值

作为界定使用行为是落入商品商标还是服务商标保护范围的典型案例，本案判决承袭了两类商标权利边界划定的一般裁判规则，即从该标识是在服务工具上还是商品包装或容器上使用的角度进行考察。对“無印良品”这种主要提供自有品牌零售服务的综合性杂货店铺而言，在网店招牌、宣传、购物明细单抬头、网购商品邮寄包装袋上使用标识，均是为了通过这些服务工具标注服务提供者的身份来源，属于符合商业惯例的对服务商标的使用，也就未落入对方商品商标的权利保护范围。

从本案法院的判决逻辑来看，既然双方商标均有效，而被控侵权人在客观上已履行了合理的避让义务，其行为就未踏入对方涉案商品商标权的保护范围。这一推理的背后其实还隐含了一个因素，即服务商标权利人在主观上并无攀附他人商誉的意图，相反可能存在驰名商标争议，但为简化争议解决流程，个案中仅需考虑被诉行为性质。事实上，日本株式会社良品计划曾主张北京无印良品涉嫌恶意抢注，应撤销其注册商标，但是最高人民法院认为“無印良品”商标在域外的宣传使用和知名度并不能证明在中国境内实

---

[1] 参见上海知识产权法院民事裁定书，(2019)沪73民终387号。

际使用，且在第24类毛巾等商品上具有一定影响；[1]而且，本案原被告在另一起商标侵权纠纷中，诉讼结果也是胜败互换。[2] 可见，鉴于目前国内各界对驰名商标抢注行为及其后果的认识仍有分歧，本案通过进一步阐释商品和服务商标权利边界划定的做法具有参考价值。

不过，随着互联网商业模式的飞速发展，传统社会中的商品和服务类别划分的界限也日渐模糊。特别是因第35类等服务商标适用的经营范围非常广，极易在提供餐饮、服装、日用品等服务时与被提供商品的相同或近似商标的所有人产生纠纷。鉴于相同或近似商标在不同商品或服务类别上分属不同主体的情形在我国现实存在，结合个案具体情形综合判定是否侵权还是权宜之计。长远来说，我国商标制度需进一步完善，加强对未注册驰名商标的保护，强化诚信机制建设、根治抢注行为、消除冲突隐患。

---

〔1〕 参见最高人民法院行政判决书，(2012)行提字第2号。
〔2〕 参见北京市高级人民法院民事判决书，(2018)京民终172号。

015

给他人注册商标专用权造成其他损害的情形之平行进口 / 张鹏

百威投资(中国)有限公司与厦门古龙进出口有限公司侵害商标权纠纷案 / 浙江省高级人民法院民事判决书,(2020)浙民终 326 号

事实概要

百威投资(中国)有限公司(一审原告、二审上诉人,以下简称 X)获得了商标权人就"卡罗娜·爱科拉""科罗娜""Coronita Extra 加图形"等四商标的授权,得以在中国境内进行维权。就"Coronita Extra 加图形"和"科罗娜"二商标,X 也为之作了较多的宣传,在我国有很高的知名度。X 进口的原装啤酒上使用的中文标签用"科罗娜特级啤酒"作为其商品名称。

厦门古龙进出口有限公司(一审被告、二审上诉人,以下简称 Y)进口一批货物中包含有 5.04 万瓶啤酒,因涉嫌侵犯在海关总署备案的"Coronita Extra 及图形"商标权,被海关扣留。其在报关单的商品名称、规格型号中载明"卡罗娜啤酒 COROxxxTA";在报关材料中还附有该啤酒的中文标签,该标签上注明"卡罗娜啤酒",其在入境货物检验检疫证明中载明品名为"卡罗娜啤酒"。Y 进口的该批次啤酒产品系由商标权人生产后出售给墨西哥当地的经销商的正品,产品上使用了"Coronita Extra 加图形"标识。

X 以被许可人身份对 Y 提起侵权诉讼。一审法院认为:Y 在所进口的商品中使用了"Coronita Extra 加图形"标识的行为属平行进口,商标权利人的权利在商品首次销售后已用尽,其应得的商业利润含商标所含商誉利益均已在其商品出售时得以实现,Y 未改变该啤酒的包装中使用标识的方式,并不侵害 X 享有的商标使用权;而 Y 在进口报关、检验检疫的文件中使用

“卡罗娜”作为产品名称和标识的行为影响了 X 商标使用策略，妨碍了 X 对商标权的支配。在中外文商标权利人相同的情况下，根据有关规定及海关报关、报检的通常做法，Y 在进口涉案啤酒时，如果必须使用中文商标，也应选择使用与权利人商标策略一致的中文标识，才不会对权利人的商标权益造成影响。Y 在报关、检验检疫材料中“卡罗娜”字样的行为客观上损害了“科罗娜”“卡罗娜·爱科拉”的商标权，应认定为属于我国《商标法》第 57 条第 7 项规定的给他人的注册商标专用权造成其他损害的情形，构成商标侵权。

原被告均不服，提出上诉。

判决要旨

浙江省高级人民法院驳回上诉，维持原判。

涉案啤酒瓶身上标注的系涉案“Coronita Extra 加图形”商标，并未标有涉案“科罗娜”和“卡罗娜·爱科拉”商标，故 Y 在进口货物报关单、入境货物检验检疫证明以及加贴的中文标签上使用“卡罗娜”标识的行为，不属于权利用尽范畴，仍应根据其使用行为来判断是否侵害了“科罗娜”“卡罗娜·爱科拉”商标专用权。

商标法保护商标的基本功能，是保护其识别性，以及在识别性基础上衍生出的质量保证功能和承载商誉功能，被诉侵权行为是否损害商标基本功能、是否会导致消费者产生混淆可能以及损害商标权人商誉是本案侵权认定的核心。本案中，X 享有涉案商标使用权，其在我国境内销售啤酒时，将中文“科罗娜”与英文“Coronita Extra 及图形”商标同时使用，通过长期诚信经营和大量宣传投入，使“科罗娜”商标在相关公众中形成有关产品质量、服务的积极评价和正面印象，具有较高知名度，并与英文“Coronita Extra 及图形”商标建立起紧密的对应关系，两者均指向同一商品。现 Y 在标有英文“Coronita Extra 及图形”标识的涉案啤酒上使用了“卡罗娜”标识，破坏了

“科罗娜”商标与英文“Coronita Extra 及图形”商标之间的对应性，割裂了涉案“科罗娜”商标与商品之间的对应关系，削弱了涉案“科罗娜”商标的来源识别作用，亦使得 X 为提高涉案“科罗娜”商标知名度，开拓国内市场所作出的努力受到损害。

进口商在销售平行进口商品的过程中，应遵守我国法律法规的相关规定，保持进口商品的原貌，不改变进口商品的原标识、包装，鉴于我国法律未强制要求翻译外文商标，故即使在需要加贴中文标签的情况下，也应当使用进口商品上标注的原外文商标，防止侵害商标权人在我国境内对中文商标享有的合法权益，保障商标权人、消费者和经营者的利益。

评 析

一、判决思路和意义

本判决对于平行进口商品在何种情况下构成商标权侵害给出了具体的裁判标准。特别是对平行进口商在进口环节加贴中文标识行为时如何进行侵权判断的问题，相较既有实践给出了明确的判断标准。此外，判决中在一般意义上讨论的商标功能理论与商品国际流通环节的商标侵权判断问题也具有理论价值。

二、相关规范与学理

商品国际流通环节一般是由商标权人或其授权的主体将附着了自己商标的商品在一国销售后由平行进口商购买后出口到另一国家。商标权人同时拥有两个国家的注册商标，并依据进口国的商标权阻止平行进口行为。对于平行进口行为是否构成商标权侵害，从比较法经验及我国学理来看，主要包括以下三个方面的考量：第一，当内外商标权利人非同一主体时，由于国内流通之商品与国外流通之商品处于不同主体商品质量监督体系之下，因此除满足两主体“经营统合”等极其例外的情况之外，均应认定该平行进口行为构成侵权。第二,当内外商品存在“实质性差异”时,应认定平行进口构成侵权。其中,“实质性差异”包括:商品品质在物理性质上存在差异;在商品附随品、包装或附随的售后服务上存在差异;商标权人依据国内市场特殊的消费习惯等开发的商品。此外,即使是商标权人委托国外制造商生产商品,并允许其销往国内的情况下,如果制造商违反委托生产合同进行生产销售的商品也构成侵权。例如,受托人构成对生产地、原料、劳动者资质、机械设备有特殊要求等与商品品质直接相关的合同条件违反时,应构成侵权;超出商标权人预定的商品数量而生产的商品,不仅违反了制造商与商标权人的合同关系,而且损害了商标权人构筑的商品质量监督体系,因此对超出部分的平行进口也应视为侵权;在委托合同中商标权人明确要求销售地域的限制性条款,若该条款的设置是出于欲销售地域与实际销售地域间存在商品品质差异的话,违反该条款则构成侵权。第三,若内外商品间不存在“实质性差异”,则平行进口行为不构成侵权。但是,内外市场及商品间具有显著区别时,法院也可直接认定构成侵权,而不需要商标权人证明内外商品间的“实质性区别”。

三、以往司法实践

从既有的关于平行进口行为是否构成商标侵权的案例来看,在商标功能理论的指引下,存在从“品质保证功能”进行探讨的案例。如在涉及平行进口的“GOO. N”(浙江)案[1]中,法院指出:在涉案商标的商品来源识别功能未受到影响的情况下,在保证了被诉侵权商品原产性的情形下,该商品的质量始终处于原告所设置的管控条件下,涉案商标品质保证功能并不因被告的平行进口行为受到影响;即使被诉侵权商品在吸收体投放量、回渗率指标方面存在差异,但不同厂家生产的不同系列产品存在技术指标差异属于

[1] 参见浙江省高级人民法院民事裁定书,(2017)浙民申1714号。

正常现象,该案并无证据显示上述差异导致被诉侵权商品存在不符合法律、行政法规或国家标准的质量瑕疵;而关于破坏其限定销售区域等商标权保留措施的理由,亦不能成立。

与明确在“商标品质保证功能”下讨论商品流通环节的侵权判断问题不同,我国实践中也存在坚持“商标单一功能”的观点,即对于相同因素仅在来源识别功能角度进行探讨的例子。如“GOO. N”(天津)案[1]类似于“GOO. N”(浙江)案,法院都对相同的商品质量差异进行了比较和论证,在得出“从标识、包装、商品质量等综合因素与上诉人的商品并无本质差异,虽然售后服务主体和流程等存在一定差别,但整体并未导致实质性差异”的结论后,指出:“商标权人的禁止权主要体现在商标区分性这一基本功能,未致消费者产生商品或服务来源的混淆,亦未造成商标的弱化、丑化等对商标声誉的损害,不宜认定为侵权行为。”

在具体论证是否构成商标侵权时,既有司法实践主要考察了平行进口产品的“品质同一性”问题。如在“J. P. CHENET”案[2]中,法院指出:“只要进口商品没有经过任何加工、改动,仅仅以原有的包装销售,依法合理标注相关信息,不会导致消费者的混淆误认,不会损害商标标示来源、保证品质的功能,不损害商标权人和相关消费者的利益,不构成对商标权的侵害”。在“OBO”案[3]中,法院特别论证了如何判断“具有同样质量的商品”,即“具有同样质量”之检验法应为平行进口产品与国内销售产品之间的质量是否存在实质性差异,二者是否能完全相互替代。该判定可结合产品外在的标识使用情况和内在的实际质量情况综合判断,具体而言,可从二者的标识附着情况、产品性状、质量等级等要素考虑。该案中原告与被告间基于产品

[1] 参见天津市第二中级人民法院民事判决书,(2017)津02民终2036号。

[2] 参见天津市高级人民法院民事判决书,(2013)津高民三终字第24号。

[3] 参见广州知识产权法院民事判决书,(2019)粤73民终6976号。

本身以外提供的附加服务存在差异，不能证实进口产品与国内产品本身存在实质性差异。

作为未满足“品质同一性”的案例，对于删减商品包装上信息的情况，司法实践，集中对磨损质量识别码的行为进行了认定。在“绝对”案[1]中，法院认定“被告将产品上的质量识别码磨去的行为，影响了商标的识别功能，侵害了消费者对商品来源及产品信息的知情权，妨碍了商标权利人对产品质量的追踪管理，判定其构成商标侵权”。在“玫琳凯”案[2]中，法院指出：“由于涉案商品的二维码和批号均被刮损，一方面使得原告无法对其商品质量进行追踪和管理，破坏了原告的质量管控体系，妨碍商标权人对其生产或授权生产的商品实施包括召回在内的质量追踪措施，干扰了商标权人控制商品质量的权利；另一方面使得涉案商品的包装破损，破坏了商品的完整性，损害了商品的整体美观度，使消费者无法获得原告提供的与涉案商品相对应的质量保障、售后服务。这势必导致公众对商标权人商品和服务的评价降低，对涉案注册商标的美誉度产生负面影响，从而破坏了涉案注册商标的品质保证和信誉承载的功能。”

关于进口商在平行进口商品上擅自加贴中文标识之行为的侵权认定问题，在上述“绝对”案中，法院就指出：被告未经权利人许可，在商品上擅自加贴中文标签，并在标签突出位置印有“绝对”中文标识，属于《商标法》第57条第1项、第2项规定的行为。这样对于增加的中文标识与商标权人在中国业已注册的商标一致或近似时，将构成《商标法》第57条第1项、第2项中规定的假冒或仿冒侵权。

四、判决的参考价值

相较既有司法实践，本案的特点在于被告并未加贴与商标权人在中国

---

〔1〕参见江苏省苏州市中级人民法院民事判决书，（2013）苏中知民初字第0175号。

〔2〕参见浙江省杭州市中级人民法院民事判决书，（2017）浙01民初972号。

所注册的中文商标完全一致的商标。按照上述“绝对”案的判决理由，可能难以认定被告行为构成《商标法》第57条第1项、第2项中所述之假冒或仿冒行为。对于本案中的被告加贴自行翻译的中文标识，法院认定应在《商标法》第57条第7项，即“给他人的注册商标专用权造成其他损害”的情形下予以探讨。由于商标权人在中国销售涉案商品时，同时使用外文标识与固定的中文标识，通过长期诚信经营和大量宣传投入，使中文标识在相关公众中形成有关产品质量、服务的积极评价和正面印象，具有较高知名度，并与英文商标建立起紧密的对应关系，两者均指向同一商品。使用不同于商标权人所使用的标识的行为割裂了涉案商标与商品之间的对应关系，削弱了涉案商标的来源识别作用，亦使商标权人提高涉案商标知名度，开拓国内市场所作出的努力受到损害。在此种逻辑下认定被告行为构成商标侵权。这样对于本来合法的平行进口行为，平行进口商仅能在原封不动使用外文标识，不增加一点改动，以及不加贴任何中文标识的情况下，才可以免于商标侵权。一旦其使用商标权人在中国业已注册的中文标识，那么依据上述“绝对”案判旨，其将构成《商标法》第57条第1项、第2项中的假冒或仿冒侵权；一旦其使用自行命名的中文标识，那么依据本案判旨，其将构成《商标法》第57条第7项中的对商标功能的损害。

016

注册驰名商标的防止淡化保护 / 张唯瑜

深圳市大疆实业有限公司等与深圳市大疆创新科技有限公司侵害商标权纠纷案 / 北京市高级人民法院民事判决书，(2020)京民终521号

事实概要

深圳市大疆创新科技有限公司(一审原告、二审被上诉人，以下简称X)是第11784570号“大疆”商标(以下简称涉案商标)的商标权人，该商标核定使用在第12类遥控运载工具、空中运载工具等商品上。深圳市大疆实业有限公司(一审被告、二审上诉人，以下简称Y)持有第19066208号“inni”商标，核定使用在“导航仪器、可视电话、移动电话”等商品上；持有第19378694号“大爱无疆”商标，核定使用在“电话机套、网络通讯设备、移动电话、笔记本电脑”等商品上。由于Y在其商品“INNI大疆X7全网通4G智能手机”“inniLT2大疆手机”等的生产销售及宣传推广过程中使用了“大疆”标志，X认为，该行为侵犯了X的涉案商标专用权，构成不正当竞争行为，故向北京知识产权法院提起诉讼。一审法院认定，在本案被诉侵权行为发生时，X的涉案商标已达到驰名商标的程度，Y在手机商品上使用“大疆X7”“InnI大疆”等字样标志的行为侵犯了X的涉案商标权，且构成不正当竞争。法院判令Y停止侵权、消除影响并赔偿损失。[1]

Y不服一审判决，向北京市高级人民法院提起上诉。

---

〔1〕 参见北京知识产权法院民事判决书，(2017)京73民初282号。

判决要旨

北京市高级人民法院驳回原告 Y 的上诉请求，维持原判。

二审法院认为，对于涉案商标是否为驰名商标的认定，本案涉及在不相同或不相类似的商品上进行跨类保护，符合对已注册的商标认定驰名的情形，应予审查认定。涉案商标“大疆”达到了驰名程度，在本案中应当认定构成驰名商标。

对 Y 的使用行为是否构成商标侵权，一审法院认定正确，予以支持。在本案中，Y 在其销售票据、宣传资料中使用“大疆 X7”“InnI 大疆”等标识的行为属于商标性使用。“大疆”是上述标志的显著识别部分，构成对涉案商标的复制摹仿。Y 生产的商品“手机”与 X 生产的商品“航空器”虽然在功能用途、消费群体等方面存在一定差异，但二者均系民用科技产品，在日常使用过程中存在密切关联，在手机商品上使用“大疆”标志的行为，足以使相关公众直接联想到 X 的涉案商标，进而破坏该商标与 X 商品之间的密切联系和对应关系，减弱该商标作为驰名商标的显著性。Y 明知涉案商标在“航空器”商品上具有较高知名度，仍然在被诉侵权产品上使用“大疆”字样，意图利用该商标的市场声誉吸引相关公众的注意力，从而获取不正当的经济利益，不正当利用了驰名商标的市场声誉。Y 的行为构成“误导公众，致使该驰名商标注册人的利益可能受到损害”的情形，侵犯了 X 的注册商标专用权。

对于 Y 的行为是否构成不正当竞争，一审法院认定正确，予以支持。在 Y 成立之前，X 的涉案商标“大疆”已经构成驰名商标。Y 经营范围与 X 有较大关联，且“大疆”一词为臆造词汇，显著性较强。X 和 Y 同处深圳，Y 理应知晓 X 在先的知名企业名称并进行合理避让。但 Y 将“大疆”作为其企业名称使用，具有攀附 X 商业信誉及涉案商标商誉的意图，损害了 Y 的市场利益，扰乱了正常的市场秩序，构成不正当竞争。

评　析

一、判决思路和意义

本案争议焦点，为驰名商标的认定必要性、商标侵权的认定以及不正当竞争行为成立与否的判断。本文主要就商标侵权判断涉及的驰名商标防止淡化保护进行讨论。

在商标侵权的认定中，法院主要从被诉商标与驰名商标的类似性、相关公众的认知以及是否不正当利用了驰名商标的市场声誉等方面进行了分析。其中，对于相关公众的认知的判断，主要通过比较被诉商品及驰名商标相关商品，确定其存在密切关联性，从而推断相关公众会直接联想到 X 的涉案商标，进而导致驰名商标的显著性的减弱。

驰名商标淡化保护的认定标准在司法实践中多有争议，本案在相关公众认知的判断中，以淡化而非混淆为导向对原被告不同类别商品进行比较，对今后类似案件具有参考价值。

二、驰名商标防止淡化保护（跨类保护）的规范及学理

驰名商标淡化，是指在不相同或不类似的商品服务上不当使用与驰名商标相同或近似的标识，导致驰名商标显著性降低，影响商标信誉及价值，而且利用驰名商标的“搭便车”行为会削弱商标权的激励作用，影响市场公平竞争。

《商标法》第 13 条确立了对驰名商标的保护：“为相关公众所熟知的商标，持有人认为其权利受到侵害时，可以依照本法规定请求驰名商标保护。就相同或者类似商品申请注册的商标是复制、摹仿或者翻译他人未在中国注册的驰名商标，容易导致混淆的，不予注册并禁止使用。就不相同或者不相类似商品申请注册的商标是复制、摹仿或者翻译他人已经在中国注册的驰名商标，误导公众，致使该驰名商标注册人的利益可能受到损害的，不予注册并禁止使用。”

该规定并没有明确驰名商标侵权判断的构成要件,“误导公众,致使该驰名商标注册人的利益可能受到损害的”标准较为模糊。对此,最高人民法院《关于审理涉及驰名商标保护的民事纠纷案件应用法律若干问题的解释》第9条作了更为详细的说明:“足以使相关公众认为被诉商标与驰名商标具有相当程度的联系,而减弱驰名商标的显著性、贬损驰名商标的市场声誉,或者不正当利用驰名商标的市场声誉的,属于商标法第十三条第二款规定的‘误导公众,致使该驰名商标注册人的利益可能受到损害’。”根据上述规定,判断是否侵权时通常应考虑“使相关公众认为有联系”及可能给驰名商标造成一定损害的因素。

但是,该判断标准的具体适用仍存在较大的争议。例如,对于复制、摹仿或者翻译他人已经在中国注册的驰名商标,是否需要商标近似这一问题,有观点指出,商标淡化应该将“商标近似”作为其构成要件之一,但其相似性判断会要求比混淆相似性更高程度的相似性;[1]对于是否应该在侵权认定中对驰名商标的损害作出判断,有观点认为,并不需要损害要件,损害与否的判断对裁判结论没有实际意义,只要认定在先商标为驰名商标,且能够证明“相关公众认为被诉商标与驰名商标具有相当程度的联系”,驰名商标淡化就能成立;[2]另外,也有观点认为,相关公众对联系的认知具有主观性,加之司法实践中鲜少对相关公众进行实际调查,仅靠联系要件进行判断不确定性较大。[3] 此外,在具体判断中,公众对“联系”的认知应达到何种程度才能构成认定存在淡化,也没有明确的标准。

综上,对于驰名商标淡化及侵权认定标准,法律规定及司法解释虽有言

---

〔1〕 参见黄汇、刘丽飞:《驰名商标反淡化构成要件的分析与检讨——以欧美相关理论为借鉴》,载《知识产权》2015年第8期。

〔2〕 参见刘维:《我国注册驰名商标反淡化制度的理论反思——以2009年以来的35份裁判文书为样本》,载《知识产权》2015年第9期。

〔3〕 参见熊文聪:《“商标个案审查原则”的误读与澄清》,载《法学家》2018年第4期。

及，但具体的标准并不明确，相关理论也仍在讨论辩明中，尚无定论。

三、以往司法实践

由于法律规定中对于驰名商标侵权判定要件不甚明确，司法实践中法院对于驰名商标淡化的判断也缺乏统一标准，尤其是相关公众认知要件具有主观性，容易出现同案不同判，跨类保护时所跨“类别”不同，结果也不同等问题。

例如，在星巴克公司等诉国家工商行政管理总局商标评审委员会因商标异议复审行政纠纷案[1]中，核定使用在咖啡、咖啡馆等商品或服务上的“星巴克”起诉核定使用在电脑刻绘机等商品上的类似商标，由于其商品和服务所属行业跨类较大、关联度较弱，相关公众亦鲜有交叉，难以产生误导公众的后果，法院驳回了星巴克的诉讼请求。而在星巴克公司诉国家工商行政管理总局商标评审委员会公司商标异议复审行政纠纷再审案[2]中，对于指定使用在地板、木材等商品的类似商标，法院认为，虽然在物理属性上差距较远，但在“星巴克”商标显著性和知名度较高的情况下，相关公众在上述商品上看到被异议商标时容易联想到引证商标，并误认为相关商品可能由星巴克公司提供或与其存在特定关联，从而损害星巴克公司的合法利益，故支持了星巴克的诉讼请求。

另外，对于相关公众的认知，应以商标是否会被淡化为导向进行判断，即使涉案不同类别商品的相关公众有所交叉且不存在混淆，也可以认定为存在淡化。

在拉菲罗斯柴尔德酒庄等诉国家工商行政管理总局商标评审委员会因

---

〔1〕 参见北京市高级人民法院行政判决书，(2016)京行终1920号。

〔2〕 参见最高人民法院行政判决书，(2016)最高法行再100号。

商标权无效宣告请求行政纠纷案[1]中,"LAFITE"等商标指定使用在含酒精饮料商品上,诉争商标"卡斯特拉斐 CASTEL LAFITE"核定使用在服装商品上,法院认为,鉴于二者相关公众的交叉以及"LAFITE"的显著性和知名度,诉争商标核定使用在服装商品上将使相关公众在看到诉争商标时会联想到"LAFITE"商标,且会认为使用诉争商标的商品可能是由拉菲罗斯柴尔德酒庄提供或与之存在特定关联,从而破坏了"LAFITE"与含酒精饮料(啤酒除外)商品之间的固定联系,减弱了"LAFITE"的显著性,可能使拉菲罗斯柴尔德酒庄的利益受到损害。此案中,法院认为,虽然不存在混淆、误认的可能性,但是存在淡化的可能性,驰名商标的显著性被淡化,依然会损害引证商标权利人的利益。

四、判决的价值参考

驰名商标防止淡化是对驰名商标显著性、商誉的保护,允许驰名商标权人在其他商品领域维护其利益。但是,其保护界限如果不明确,反而可能借由跨类保护造成公共资源的垄断。在对驰名商标按需认定、个案认定的限制下,淡化保护的标准也有待统一。但在理论和司法实践中,驰名商标淡化保护的判断标准尚不明确,对公众认知要件的认定具有较强主观性,容易导致驰名商标反淡化保护的扩张。本案在法律适用及判断标准上,围绕商标淡化展开,具有一定的参考意义。未来如何在整体制度及具体标准上,厘清商标淡化的保护边界,仍是理论和实务需要共同面对的课题。

---

[1] 参见北京市高级人民法院行政判决书,(2017)京行终3981号。

017

注册驰名商标在相同及类似商品上的保护 / 张鹏

路易威登马利蒂与广州锐王皮具有限公司、王某等侵害商标权纠纷案 / 广东省高级人民法院民事判决书，(2019)粤民终1857号

事实概要

路易威登马利蒂(一审原告、二审上诉人，以下简称X)陆续在多个商品类别上注册取得了“”商标，包括第3类、第9类、第14类、第16类、第18类、第25类、第28类等。经商标局核准，X于1986年1月15日取得了第241081号商标专用权。在被诉侵权商标的申请注册日前，随着X进入中国市场并在中国多个城市先后开设专卖店，其已是一家在中国境内享有盛誉的奢侈品公司，广为公众知悉。

案外人Z于2012年11月9日向商标局提出被诉侵权标识“”的注册申请。核定使用商品为第18类中的动物皮、仿皮革、旅行包、钱包(钱夹)、背包、裘皮、旅行包、手提包、伞、人造革箱、家具用皮装饰商品上，商标专用期为2014年4月14日至2024年4月13日。王某(一审被告、二审上诉人，以下简称Y1)于2015年9月17日申请受让被诉侵权标识的商标专用权。

X于2017年7月19日对Y1所持有的商标提出无效宣告请求，原商评委依法审理后，于2018年6月14日作出无效宣告的裁定。Y1就该裁定向北京知识产权法院提起诉讼，北京知识产权法院于2018年8月15日立案

受理。[1]

Y1 通过其开设的广州锐王皮具有限公司(一审被告、二审上诉人,以下简称 Y2)生产、销售使用前述被诉侵权标识的手提包、钱包等产品,销售渠道包括阿里巴巴、淘宝网等网络平台,销售量较大。除了本案被诉侵权商标以外,Y1 名下还有多个与“XL”商标相近似的商标。

X 起诉至法院,请求认定其涉案商标为驰名商标,并要求判令 Y1、Y2 停止侵权并赔偿损失。Y2 抗辩称,本案属于注册商标之间的争议,根据相关法律规定,人民法院无权受理。

一审法院认为,在无效裁定作出后,本案不属于注册商标之间的纠纷,法院应当受理。法院只有在审理涉及请求停止侵害驰名的未注册商标、驰名的注册商标跨类保护以及有关企业名称与驰名商标冲突的侵害商标权和不正当竞争民事纠纷中,才可能涉及认定驰名商标。在当事人提出的司法认定驰名商标的案件中,在相同或类似商品上等均无须对商标是否驰名作出认定。一审法院认定,Y2 的行为构成侵权,判决 Y2 停止侵权,Y1、Y2 共同赔偿 X 14 万元并驳回 X 其他诉讼请求。

X、Y1、Y2 均不服一审判决,提起上诉。

判决要旨

广东省高级人民法院维持停止侵权请求,变更损害赔偿数额。

根据《商标法》第 46 条规定,由于 Y1 就无效裁定提起行政诉讼,该行政诉讼未作生效判决,故无效裁定并未生效。在本案中,虽然在注册商标核定商品上注册的被诉侵权注册商标因与原告注册商标近似而产生的争议不属于法院应当处理的争议范围,但是如果涉案注册商标被认定为驰名商标,且该商标权人依据最高人民法院《关于

---

〔1〕 参见北京知识产权法院行政判决书,(2018)京 73 行初 8331 号。

审理涉及驰名商标保护的民事纠纷案件应用法律若干问题的解释》（以下简称《解释》）第 11 条的规定，向法院起诉，则符合起诉的条件，属于法院应当处理的争议。在本案中，X 诉请法院认定，在被诉商标注册时，注册商标已经是驰名商标，且被被诉侵权行为所侵害。法院依据《解释》第 11 条受理本案，并不违反最高人民法院《关于审理注册商标、企业名称与在先权利冲突的民事纠纷案件若干问题的规定》第 1 条第 2 款规定。在 X 系依据《解释》第 11 条的规定，请求保护其涉案驰名商标的情况下，本案亦无须等待被诉侵权注册商标的无效宣告程序结果。

驰名商标保护的本质在于对驰名商标给予更强保护，既然《商标法》第 13 条第 3 款对在非相同、非类似商品上的侵害商标权行为都可以通过认定驰名商标予以保护，举重以明轻，在相同和类似商品上当然可以给予驰名商标更强的保护。在本案中，X 主张其涉案注册商标为驰名商标、被诉侵权行为违反《商标法》第 13 条的规定，构成侵害涉案驰名商标商标权。而在本案诉讼过程中，被诉侵权注册商标仍为有效注册商标，X 无法以注册商标是一般注册商标为由，禁止被诉侵权注册商标的使用。Y1、Y2 甚至以被诉侵权商标属注册商标为由，抗辩称本案不应立案。因此，本案有必要审核注册商标是否为驰名商标。

评 析

一、判决思路和意义

尽管在侵权结论上一审、二审判决相同，但是在说理上有较大区别。一审判决认定，在行政裁决作出无效结论后，被诉商标即丧失效力，因此，原告依据其注册商标对被控侵权行为的诉讼并不是两个注册商标之间的纠纷，法院应该受理。同时对于驰名商标认定的必要性，一审法院指出：只有在审理涉及驰名的注册商标跨类保护等纠纷中，才可能涉及认定驰名商标。在相同或类似商品上等均无须对商标是否驰名作出认定。二审判决首先明确，在无效行政诉讼作出最终生效判决前，本案为两个注册商标之间的纠纷。同时指出，原告以驰名商标起诉的并不受最高人民法院《关于审理注册商标、企业名称与在先权利冲突的民事纠纷案件若干问题的规定》的限制，法院应该受理。而在驰名商标的认定上，不同于一审判决强调“按需认定”应限于“驰名的注册商标跨类保护纠纷”，对驰名商标在相同和类似商品上存在给予保护必要的，也应该予以认定。这一判断对今后涉及驰名商标认定民事案件的判断具有参考意义，有必要进一步分析其实践价值。

二、驰名商标认定的判断规范及学理

最高人民法院在《关于审理注册商标、企业名称与在先权利冲突的民事纠纷案件若干问题的规定》第 1 条第 2 款中确定了两个注册商标之间权利冲突的处理方案，即侵权诉讼的法院并不直接解决注册商标之间的权利冲突，原则上应向行政机关请求权利无效后再处理侵权纠纷。作为例外，除非被控侵权行为属于超出注册商标专用权范围的使用行为。《解释》第 11 条规定，注册商标与驰名商标之间权利冲突的处理方案，即被告使用的注册商标违反《商标法》第 13 条的规定，应当根据原告的请求，依法判决禁止被告使用该商标，但有以下两种例外情形：一是已经超过商标法规定的请求撤销期限的；二是被告提出注册申请时，原告商标并不驰名。

《解释》第 11 条的规定在解决民事侵权案件两个注册商标发生纠纷时，给予注册驰名商标强于一般注册商标的保护。正因如此，在适用时强调被告使用的注册商标违反《商标法》第 13 条的规定。《商标法》第 13 条规定的文义仅对注册的驰名商标仅在跨类上给予禁止注册和停止使用的救济，并未提及在相同类别上享有禁止注册和停止使用的权利，但是在学说和司法实践中均通过“举重以明轻”的解释方法给予注册的驰名商标在同类上的适用。其中在授权确权案件中，为了解决罹于5年无效期限的案件或者其他适用第30条不能充分保护驰名商标的情况；而在民事侵权案件中，则主要为了解决两个普通注册商标间需要通过行政程序先行解决后，才可以由法院在民事侵权诉讼程序中进行判断的问题。

三、以往司法实践

北京市高级人民法院在约翰迪尔案[1]中指出，虽然《商标法》第13条第3款规定的字面解释均是对在中国已经注册的驰名商标给予不相同或者不相类似商品上的保护，但是基于法律规定的“举重以明轻”的原则，从目的解释的视角，显然与已经注册的驰名商标核定使用商品构成相同或者类似商标的近似商标，亦应当纳入驰名商标保护的范畴中。然而，为了防止驰名商标成为企业的荣誉标志或者被“异化”予以使用，在一般情况下，在相同或者类似商品已经能够予以保护的情况下，基于驰名商标“按需认定”的原则，已无直接予以认定的必要。在侵害商标权民事纠纷中，对于法律所规定的“禁止使用”在相同或者类似商品的民事纠纷，至少存在两种适用情形，均为产生民事权利冲突时所启动：第一种情形为被控侵权主体使用的商标系经依法核准注册，并在其核定使用商品范围内规范进行的使用。即注册商标专用权之间产生的权利冲突。此时，因上述法律已经存在具体禁止性规定，基于诚实信用的商业经营道德，即使他人使用的为已经获准注册的商标，但是由于驰名商标更高、更强、更宽的保护范围与程度的考量，只要不超过商标法所规定撤销期限，以及被控侵权人的注册商标申请时在先要求保护的商标已经构成驰名，人民法院可以据此解决不同注册商标之间的权利冲突问题，并根据在案情况认定是否构成驰名。第二种情形为被控侵权主体将他人驰名商标通过复制、摹仿、翻译的形式，作为企业名称中的字号予以使

[1] 参见北京市高级人民法院民事判决书，(2017)京民终413号。

用，但并不属突出使用的。此时，为了解决商标专用权与企业名称权益之间产生的权利冲突，从规制有序、公平市场竞争秩序的角度出发，根据反不正当竞争法及商标法关于认定驰名商标的基本要件，对在先商标是否构成驰名予以认定。

四、判决的价值参考

本案二审判决在与驰名商标核定使用范围相同或类似的商品类别上类推适用《商标法》第 13 条规定，从而避免了等待行政程序处理的问题。这对于驰名商标获得及时、充分的保护显然是非常重要的。本案二审判决在解决涉及驰名商标保护和商业标识权利冲突的纠纷的类似案件中具有指导作用。

注册商标权利行使限制事由

018

权利滥用抗辩 / 张鹏

乔丹体育股份有限公司与亚马逊卓越有限公司等侵害商标权纠纷案 / 北京知识产权法院民事判决书,(2020)京 73 民终 1506 号

事实概要

乔丹体育股份有限公司(一审原告、二审上诉人,以下简称 X)系涉案三个"乔丹"商标的注册人。在销售耐克鞋的过程中,北京世纪卓越信息技术有限公司(一审被告、二审被上诉人,以下简称 Y1)、亚马逊卓越有限公司(一审被告、二审被上诉人,以下简称 Y2)通过亚马逊中国网站上展示了商品,展示过程中使用了"乔丹"字样,且 Y1 所售商品的发货单上亦标有"乔丹"字样。

对于 Y1 与 Y2 在亚马逊中国网站上展示涉案商品过程中,使用"乔丹"字样以及在所售商品发货单上标有"乔丹"字样的行为是否构成对涉案商标权的侵害,一审判决认为,基于迈克尔·乔丹的授权,耐克公司及包括经销商在内的相关公司使用"乔丹"字样,是基于品牌代言的一种正当使用行为。……Y1 在销售过程中使用"乔丹"文字的行为,包括在发货单上的使用在内,均是将"乔丹"文字放在"Nike 耐克"之后,上述使用方式亦足以说明 Y1 并非将"乔丹"作为一个独立的商标进行使用的行为,而是为描述其所售商品为"Nike 耐克"品牌鞋的某一系列产品而使用"乔丹"。无论从其使用的主观意图上看,还是从使用的客观效果上看,均不构成将"乔丹"作为其所售鞋的品牌或商标进行使用的行为,上述使用行为并非商标使用行为,也不可能使消费者误认该商品与 X 的商品存在关系而导致消费者混淆。

判决要旨

北京知识产权法院驳回上诉，维持原判。

《商标法》第7条规定，申请注册和使用商标，应当遵循诚实信用原则。任何违背法律目的和精神，以损害他人正当权益为目的，恶意取得并行使权利、扰乱市场正当竞争秩序的行为均属于权利滥用，其相关权利主张不应得到法律的保护和支持。

首先，耐克公司对“乔丹”拥有合法的在先权利基础。

其次，Y1在本案中对“乔丹”文字的使用系基于上述合法的权利基础，具有正当性。商标法所要保护的，是商标所具有的识别和区分商品及服务来源的功能，而并非仅以注册行为所固化的商标标识本身。

最后，X取得涉案商标权的行为难谓正当。最高人民法院在（2016）最高法行再27号行政判决中的认定，X明知迈克尔·乔丹在我国具有长期、广泛的知名度，仍然使用“乔丹”申请注册涉案商标，容易导致相关公众误认为使用该商标的商品与迈克尔·乔丹存在代言、许可等特定联系，该行为具有明显的主观恶意。本案涉案三个商标虽然为有效商标，但系因迈克尔·乔丹对上述商标以侵害在先姓名权为由提起无效宣告请求之时已逾5年保护期限，故其合法存续状态并不意味着上述商标的取得系合法、正当的。最高人民法院在（2016）最高法行再27号行政判决亦认定，X主张的市场秩序或者商业成功并不完全是X诚信经营的合法成果，而是一定程度上建立于相关公众误认的基础之上。维护此种市场秩序或者商业成功，不仅不利于保护姓名权人的合法权益，而且不利于保障消费者的利益，更不利于净化商标注册和使用环境。据此，法院认为，注册商标专用权的范围包含允许权利人合法使用注册商标以及禁止他人违法使用该注册商标。本案X虽系涉案三个“乔丹”商标的权利人，其有权在法律规定的范围内使用其商标，但基于该商标注册存在一定权利瑕疵，故在他人合法行使“乔丹”在先权利的范围内，X行使其禁用权缺乏正当性。

评 析

一、判决思路和意义

相比于一审判决从被告行为并不构成商标性使用的角度进行论述,二审判决在说理外更加强调了注册商标在使用中应当遵循诚实信用的原则。也就是运用《商标法》第7条这一一般条款来处理罹于除斥期间后的注册商标在行政程序中具有不可撤销的效力,但在民事侵权诉讼程序中其针对在先权利的效力关系上的争议。

二、规范及学理

罹于除斥期间后的注册商标在行政程序中具有不可撤销的效力,但在民事侵权诉讼程序中其针对在先权利的效力关系仍存在争议。针对在先权利人针对不可撤销的注册商标提起侵权诉讼的问题,《最高人民法院关于当前经济形势下知识产权审判服务大局若干问题的意见》(法发〔2009〕23号)第9条指出:"与他人著作权、企业名称权等在先财产权利相冲突的注册商标,因超过商标法规定的争议期限而不可撤销的,在先权利人仍可在诉讼时效期间内对其提起侵权的民事诉讼,但人民法院不再判决承担停止使用该注册商标的民事责任。"

而以《商标法》第7条限制注册商标禁用权的主要针对以恶意抢注为理由的权利滥用抗辩,典型的案例为"歌力思"案,[1]该案法院指出:诚实信用原则是一切市场活动参与者所应遵循的基本准则。一方面,它鼓励和支持人们通过诚实劳动积累社会财富和创造社会价值,并保护在此基础上形成的财产性权益,以及基于合法、正当的目的支配该财产性权益的自由和权利;另一方面,它又要求人们在市场活动中讲究信用、诚实不欺,在不损害他人合法利益、社会公共利益和市场秩序的前提下追求自己的利益。民事诉

---

〔1〕 参见最高人民法院民事判决书,(2014)民提字第24号。

讼活动同样应当遵循诚实信用原则。一方面，它保障当事人有权在法律规定的范围内行使和处分自己的民事权利和诉讼权利；另一方面，它又要求当事人在不损害他人和社会公共利益的前提下，善意、审慎地行使自己的权利。任何违背法律目的和精神，以损害他人正当权益为目的，恶意取得并行使权利、扰乱市场正当竞争秩序的行为均属于权利滥用，其相关权利主张不应得到法律的保护和支持。

三、以往司法实践

在以往司法实践中，《商标法》第7条权利行使过程中的诚实信用原则，往往在以下四种情况下适用于限制注册商标权的禁用效力。

其一，以恶意抢注为理由的权利滥用抗辩。该种情况除了上述“歌力思”案外，法院在“PHILLIPS”案[1]中亦持此种观点。即商标注册人其申请多个带有“PHILLIPS”“菲利普”字样及狮子图形的商标的行为具有攀附“PHILLIPS”及“菲利普”电动车商誉的故意，违反了诚实信用原则，其提起侵权诉讼，行为难言正当，属于对其注册商标专用权的滥用。

其二，处理老字号问题中近似性判断。如在“同庆”案[2]中，云南省高级人民法院指出，诚信使用有助于增强商标的显著性。诚实信用原则支持人们通过诚实劳动积累社会财富和创造社会价值，鼓励申请人尽量设计、选用独特的标识，尽其所能避免损害他人的权益，主动避让已有商标和通用标识、指示性标识；要求注册人实际使用注册商标，不能无故囤积不用，明确规定注册商标专用权以核准注册的商标和核定使用的商品为限；要求商标注册人、使用人善意地行使商标权，不得攀附他人之商誉、嫁接非己之荣誉，在不损害他人合法利益、社会公共利益和市场秩序的前提下追求自己的利益。

---

〔1〕 参见宁波市中级人民法院民事判决书，(2017)浙02民终2164号。

〔2〕 参见云南省高级人民法院民事判决书，(2016)云民终534号。

作为对诚实守信的商标注册人和使用人的褒奖，在商标制度中，那些设计独特、醒目的臆造商标被赋予较强的先天显著性，那些被长期诚实使用的商标，由于不断夯实了商标与商品特定来源之间的联系，商标的显著性进一步增强，继而该商标能得到较强的司法保护。

其三，在定牌加工中的适用。在“东风”案二审判决[1]中，江苏省高级人民法院指出：如果境外企业或个人违反诚实信用原则，涉嫌在境外恶意抢注在我国具有一定影响的商标特别是驰名商标，并委托国内加工企业贴牌加工生产的，应当认定境外委托人的行为不具有正当性，实质性地损害了我国商标权人的合法利益，对此，国内加工企业作为同业经营者应当尽到更高的注意义务和合理的避让义务。如果国内加工企业明知或应知国内商标具有一定影响或为驰名商标，而境外委托人涉嫌恶意抢注却仍然接受委托的，应认定国内加工企业存在过错，应承担相应的民事责任。同理，对于国内商标权人违反诚实信用原则，涉嫌恶意抢注境外商标，且有证据表明国内加工企业已经对境外委托尽到必要审查或合理注意义务，所有贴牌加工产品均出口的，基于诚实信用原则，国内商标权人亦不能阻却国内加工企业从事涉外定牌加工业务。

其四，在先权利抗辩。当注册商标权针对在先权利人及利害关系人行使注册商标时，注册商标禁用权受到限制。限制的理由往往依据《商标法》第32条前段规定。该规定不仅是申请注册商标时的要求，还赋予了一旦申请人注册成功，在先权利人针对其在商标侵权诉讼中的抗辩权。也就是说，第32条前段在司法适用中的法律效果层面不仅体现为在行政程序中阻却他人注册，还体现为在侵权诉讼中赋予在先权利人抗辩权。如在“Coconutpassion”案[2]中，上海市普陀区人民法院指出：当事人合法的民事

---

〔1〕 参见江苏省高级人民法院民事判决书，(2015)苏知民终字第00036号。
〔2〕 参见上海市普陀区人民法院民事判决书，(2015)普民三(知)初字第402号。

权益受法律保护,除法律另有规定之外,民事权利一律平等。当一方主张权利时,另一方享有在先权利,当然允许对抗前者的主张。本案两被告提出的“在先权利”抗辩就是对于包含“COCONUTPASSION”在内的产品包装美术设计享有的在先著作权抗辩。商标权与著作权同属于知识产权范畴,但分别保护不同的法益,当两者产生权利冲突时,应当遵循诚实信用、维护公平竞争和保护在先权利等处理原则。在“HCBank”案[1]中,黑龙江省高级人民法院指出:擅自将他人享有著作权的作品注册产生的商标权,是一种存在于他人合法在先权利基础上的有瑕疵的民事权利,将可能被认定无效或权利受到限制。当注册商标专用权与在先著作权发生冲突时,在先著作权人可以阻却商标注册申请,也可以据此申请撤销注册商标专用权。在本案中,哈尔滨银行已向国家商标局提出异议申请,吕某某的注册商标专用权已处于不稳定状态。虽然涉案商标专用权的效力需待行政机关最终作出确认,但并不影响法院对本案被控侵权行为是否构成商标侵权进行审查并作出认定。根据保护在先权利的基本原则,吕某某作为在后注册商标专用权人无权限制著作权人对其作品的合理使用;在“香料瓶”案[2]中,山东省济南市中级人民法院指出:依据《商标法》第 32 条规定,虽然原告注册的涉案商标目前仍处于有效状态,但因其注册行为不具有正当性基础,其以非善意取得的商标权对在先权利人及在先使用人提起侵权之诉,系对其注册商标的滥用。

四、判决的价值参考

本案二审判决提出的依据诚实信用原则派生的权利滥用抗辩对于之后的实践具有很强的借鉴意义,特别是对于处理罹于除斥期间后的注册商标

---

〔1〕 参见黑龙江省高级人民法院民事判决书,(2012)黑知终字第 50 号。

〔2〕 参见山东省济南市中级人民法院民事判决书,(2016)鲁 01 民初 1856 号。

在行政程序中具有不可撤销的效力,但在民事侵权诉讼程序中的效力问题给出了明确的指引,有利于解决恶意抢注后在权利行使过程的禁用权限制问题。

019

通用名称作为权利行使限制事由 / 张唯瑜

广东佳宝集团有限公司与新兴县鲜仙乐凉果实业有限公司侵害商标权纠纷案 / **最高人民法院民事裁定书，(2020)最高法民申4489号**

事实概要

广东佳宝集团有限公司（一审原告、二审被上诉人、再审申请人，以下简称X）是第8965529号“九制”注册商标权利人，该商标核定使用商品为第29类。因新兴县鲜仙乐凉果实业有限公司（一审被告、二审上诉人、再审被申请人，以下简称Y）在相关商品类别上使用了与该商标近似的“九制陈皮”标识，X认为Y的一系列行为侵害了其注册商标专用权，且构成不正当竞争行为，故提起商标权侵权诉讼，要求停止侵权并赔偿损失，一审法院认定侵权成立。随后，Y在上诉中以其系正当使用为由提出不侵权抗辩，认为“九制陈皮”为描述性词语，即商品通用名称。广东省高级人民法院支持了该主张，认为“九制陈皮”是经过多道繁杂工艺腌制而成的陈皮类产品的通用名称，Y在其商品上对“九制陈皮”的使用没有超出正当、合理的限度，故不构成商标侵权，一审法院对此的认定有误，应予以纠正。同时，对于Y擅自使用与X相近似包装及装潢的行为，维持一审法院的认定，认为构成不正当竞争。[1]

X不服该判决，向最高人民法院申请再审，请求撤销二审判决关于通用名称及正当使用的认定。其主要理由如下：(1)“九制陈皮”不是通用名称。“九制陈皮”系X创制，经使用与广泛宣传，已经与X建立唯一、稳定的联

---

〔1〕 参见广东省高级人民法院民事判决书，(2019)粤民终1861号。

系。X 一直将“九制陈皮”作为商标使用,相关公众易将“九制陈皮”认知为 X 使用自己创制工艺生产的陈皮产品。(2)Y 在其产品包装上突出使用“九制陈皮”标识,属于商标性使用。其标识突出地使用在正面右上角,背面左上角,使用习惯与商品名称不符,且 Y 侵害 X 外观设计专利的行为可以证明其存在攀附 X 知名度的主观恶意。“九制陈皮”是潮州名小吃之一,而 Y 经营地在云浮市,其地理位置、历史传统、文化习俗、饮食习惯均与潮州有明显区别。

判决要旨

最高人民法院驳回 X 的再审申请。

本案争议焦点为 Y 提出的正当使用抗辩是否成立。

关于商品通用名称问题,二审法院认定“九制陈皮”是经过多道繁杂工艺腌制而成的陈皮类产品的通用名称并无不当。首先,关于相关公众的认知情况,《蜜饯通则》中九制陈皮与话梅、杨梅干等均为“话化类”产品;《粤港澳信息日报》《中国新闻》等新闻媒体的报道、专访中均把“九制陈皮”作为通过特殊工艺腌制的陈皮产品的通用名称;X 获得的多项荣誉之中通常将“九制陈皮”作为商品名称,再与 X 的“佳宝”商标组合共同指称 X 的产品。其次,关于 X 对“九制陈皮”的使用情况,X 早在 1987 年就注册了“佳宝”文字商标,接受媒体采访时往往是用“佳宝”九制陈皮称呼其产品;在其产品包装袋上都是把“佳宝”作为商标同时标注,而并非将“九制”作为商标使用,亦未标注;同时,X 在一审庭审中称其将“九制”作为商品名称使用,X 有自己的“佳宝”商标。最后,市场上存在其他品牌的九制陈皮产品,虽然 X 生产的“九制陈皮”最为有名,但其并非“九制陈皮”唯一的提供者,苏州、潮汕等地区还存在其他商家生产的“九制陈皮”产品,“九制陈皮”并未与 X 在相关公众中建立唯一、稳定的联系。

关于 Y 对“九制陈皮”标识的使用是否构成正当使用的问题。Y 在被诉侵权产品包装正面左上方的显著位置完整标注了其“鲜仙乐”图文商标，附加了标识，同时商标下方标注了醒目的“XianXianLe”，其公司名称亦标注在包装正面下方易于识别的位置。“九制陈皮”标识位于包装袋正面及背面且没有标注，包装袋背面亦标注了“品名：九制陈皮（广式凉果）”。由此可见，Y将“九制陈皮”作为商品名称使用，属于《商标法》第59条第1款规定的正当使用，Y对被诉侵权标识的正当使用抗辩成立。

评 析

一、商标法中商品的通用名称

《商标法》中涉及通用名称这一问题的情况主要有三种：一是商标注册，“下列标志不得作为商标注册：仅有本商品通用名称、图形……”（第11条第1款第1项）；二是商标注销，“注册商标成为其核定使用的商品的通用名称……任何单位或者个人可以向商标局申请撤销该注册商标”（第49条第2款）；三是商标权利行使限制事由，“注册商标中含有的本商品的通用名称、图形、型号，或者直接表示商品质量、主要原料、功能、用途、重量、数量及其他特点，或者含有的地名，注册商标专用权人无权禁止他人正当使用”（第59条第1款）。商标侵权诉讼中涉及的通常是第三种情况。

《商标法》第11条规定了通用名称无法作为商标注册，但是实践中存在注册审查时标识具有显著性、能够作为商标注册，随着使用逐渐通用名称化的情况。在商标侵权诉讼中，可以以侵权时而非商标申请时为判断基准主张通用名称的抗辩，对属于通用名称的，即使使用了该商标，商标专用权人的权利行使也应受到限制。

二、通用名称的认定

最高人民法院《关于审理商标授权确权行政案件若干问题的规定》（以

下简称《规定》)第10条对通用名称的认定作了较为详细的规定。

(一)认定为通用名称的情形

《规定》明确了,通用名称认定中两个应当和一个可以的情景,即“依据法律规定或者国家标准、行业标准属于商品通用名称的,应当认定为通用名称。相关公众普遍认为某一名称能够指代一类商品的,应当认定为约定俗成的通用名称。被专业工具书、辞典等列为商品名称的,可以作为认定约定俗成的通用名称的参考”。法定及约定俗成的商品名称属于应该情形,认定条件较高,在具体的举证中,可以列举行业刊物、书籍记载、媒体报道等作为参考。当然,仅有记载并不能直接证明其为通用名称,个案中仍需结合公众认知情况等其他要素综合考虑。

在本案中,在质量技术监督局与国家标准化管理委员会发布的《蜜饯通则》、诸多媒体报道、X所获多项荣誉中均将“九制陈皮”作为通用名称使用。可见除了书籍记载之外,事实上“九制陈皮”也被作为商品名称而使用,这些证据也证明了相关公众对“九制陈皮”的认知情况。

此外,当“九制陈皮”普遍用于指代通过特殊工艺腌制的陈皮产品时,可以预想到大部分的市场经营者都会选择用“九制陈皮”来描述其产品,当市场上存在多数使用该词语的产品时,也可以证明该词汇为通用名称。在本案中,X并非“九制陈皮”唯一的提供者,商场上还存在其他商家生产的“九制陈皮”产品这一事实也起了证明作用。

(二)商标的使用方式

商标具有区分商品及服务来源的作用,商标专有权人对商标的管理不足,或者在使用中不注重其区分功能,将其作为商品名称使用,也能成为通用名称认定的依据。

在本案中,X通常以“佳宝”九制陈皮称呼其产品,将“佳宝”作为商标同时标注,而并非将“九制”作为商标使用或标注,其使用“九制”仅为商品名称而非品牌标识，未能起到区分功能，导致其通用名称化。

（三）通用名称认定的地域范围及认定时间

《规定》第10条第2款规定了通用名称认定的地域范围，“约定俗成的通用名称一般以全国范围内相关公众的通常认识为判断标准。对于由于历史传统、风土人情、地理环境等原因形成的相关市场固定的商品，在该相关市场内通用的称谓，人民法院可以认定为通用名称”。值得注意的是，该规定主要指向的是《商标法》第11条第1款第1项中商标注册申请时的通用名称，对于侵权诉讼中所涉及的基于通用名称的商标权利行使限制，未必需要全国范围的通常认知。这是因为，商标注册后即在全国范围内具有效力，是否为通用名称一般需要以全国范围为判断标准，但在具体的商标侵权个案中，相关市场可能是限定的，应结合具体情况进行判断。本案未明确说明，但考虑“九制陈皮”不仅局限在潮汕，在苏州等地区也有生产，其认定主要基于全国范围内相关公众的通常认知为基准作出的。

至于认定的时间节点，商标申请时、注册时和商标侵权发生时的判断节点不同，通用名称认定的结果也可能不同。《规定》第10条第4款规定，“一般以商标申请日时的事实状态为准。核准注册时事实状态发生变化的，以核准注册时的事实状态判断其是否属于通用名称”，本案虽未明确说明，但其主要证据及判断仍是基于商标侵权时作出的。

三、通用名称的正当使用

根据《商标法》第59条规定，商标中含有通用名称的，商标专用权人无权禁止他人正当使用。注册商标一旦淡化成通用名称，即具有了公共资源的性质，基于专用权和公共领域平衡的考量，需要对其专用权利的行使进行限制，保护公共领域的利益。公众可以对该商标进行非商标意义上的使用，商标权人无权禁止。本案考虑到“九制陈皮”标识位于Y产品包装袋正面及背面且没有标注,包装袋背面亦标注了“品名:九制陈皮(广式凉果)”,认定Y将“九制陈皮”作为商品名称使用,属于正当使用,X无权禁止。

四、裁定的价值参考

注册商标可能由于其本身显著性较弱、独占适应性较弱、市场环境改变、商标权人的错误使用及管理疏忽等因素而被通用名称化。商标成为通用名称后即转入公共领域,失去了保护的正当性,因此司法实践中对于通用名称的认定应考虑多方面因素,综合该名称和商品的关系、使用期间、使用状态、相关市场等情况进行判断。本裁定中对“九制陈皮”的综合分析具有一定的借鉴意义。此外,本案虽未明确说明,但特别值得注意的是,商标申请注册时的认定标准和侵权诉讼的认定标准有所不同,前者涉及全国范围的商标授权,后者则应结合侵权诉讼个案具体使用的名称、侵权时期、特定地域等情况进行判断。

020

描述性使用作为权利行使限制事由 / 张唯瑜

世界经理人文摘有限公司与世界经理人资讯有限公司侵犯商标权与不正当竞争纠纷再审案 / 最高人民法院民事判决书，(2017) 最高法民再 106 号

事实概要

商业媒介公司(以下简称 M)拥有第 1093985 号“世界经理人文摘 World Executive’s Digest”、第 3226295 号“世界经理人”注册商标专用权，核定使用在第 16 类商品上。M 与世界经理人文摘有限公司(一审原告、二审被上诉人、再审申请人、抗诉申请人，以下简称 X)签订了《商标许可协议》，授权 X 可单独提起涉案商标诉讼。被诉侵权杂志为《世界经理人週刊》杂志，由世界经理人资讯有限公司(一审被告、二审上诉人、再审被申请人、抗诉被申请人，以下简称 Y)等策划编辑及发行。由于 Y 杂志上使用了“世界经理人”和“World Executive”标识，X 认为该使用行为侵犯了涉案商标权，同时构成不正当竞争。

北京市第一中级人民法院审理认为，Y 的行为属于在相同商品上使用近似商标，构成商标侵权。Y 并无证据证明“世界经理人”是此类杂志的通用名称，其合理使用的主张不能成立。

北京市高级人民法院经二审及再审认为，“世界经理人”词汇本身具有较强固有含义，弱化了其作为商标的显著性，不具备商标的识别作用。被诉侵权杂志《世界经理人週刊》的“世界经理人”及其对应的英文词汇“World

Executive”,用于表明该杂志的服务对象、用途及特点,该使用具有正当使用理由。相关公众能够将被诉侵权杂志名称《世界经理人週刊》与涉案商标区别开来,故 Y 在其杂志上使用“世界经理人”标志的行为不构成商标侵权。

X 不服再审判决,向最高人民检察院申诉,最高人民检察院向最高人民法院(以下简称最高院)提出抗诉。

判决要旨

最高院撤销再审、二审判决,维持一审判决。

商标显著性的判断应该基于商标整体,并在该商标与其所使用的商品的联系中予以考虑。商标标志中虽然含有与其所使用的商品的特点相关的描述性元素,其固有显著性不强,但该商标整体或者经过使用使相关公众能够以其识别商品来源的,应当认定其具有显著性。即便是仅有商品的通用名称、图形、型号或者仅直接表示商品特点的标志,依然可以通过使用获得显著性。

本案涉案两商标均含有“世界经理人”词汇,“世界”是对“经理人”范围的限定,在核定的杂志等商品上使用“经理人”容易理解为该杂志的内容或者服务对象,“世界经理人”整体的显著性较弱。但是,经过 X 的长期使用,“世界经理人”标志实际已经能够起到区分商品来源作用,具有了商标应有的显著性。Y 在被诉侵权杂志上突出使用“世界经理人”标志的行为侵犯了 X 涉案商标的专用权。至于 Y 在被诉侵权杂志上使用的“World Executive”标志的行为,考虑相关公众将其与 X 涉案商标发生混淆误认的可能性较低,并不构成商标侵权。

Y 主张,其对“世界经理人”的使用系表明经营活动的内容与特点,不属于商标使用,应认定为正当使用。法院认为,对于描述性用语的正当使用应该限于说明或客观描述商品特点,以善意方式在必要范围内予以使用,且不应导致相关公众将其视为商标而导致来源混淆。在本案中,首先,Y 在其出版的杂志的显著位置使用“世界经理人”字样，“週刊”二字相对较小，显然意在突出使用“世界经理人”这一名称。其次，“世界经理人”是X的在先注册商标及商标的显著性部分，并非通用词汇。X的杂志《世界经理人文摘》及《世界经理人》已经长期发行并获得一定知名度。再次，作为同行业的竞争者，Y理应对X的在先杂志《世界经理人文摘》及《世界经理人》杂志有所了解，并应采取必要措施防止混淆，如果Y意欲表明其杂志的内容或者特点，完全可以选择近似程度更低的标志以避免混淆。Y并未采取必要措施予以避让，仍然选择在与X涉案两注册商标核定使用的商品完全相同的商品上使用基本相同或者极为近似的标识，明显超出了说明或客观描述商品特点所需要的限度。最后，期刊名称同样可以起到区分商标来源的作用和功能，Y在与X涉案两注册商标核定使用的商品完全相同的商品上使用基本相同或者极为近似的标识，容易导致相关公众混淆误认，因此Y在其杂志上突出使用“世界经理人”标志的行为不属于正当使用。

综上，Y的被诉侵权行为侵犯了X涉案两注册商标专用权。

评 析

一、判决思路和意义

本案历时13年，经过三级法院4次审理，围绕商标显著性判断和是否构成正当使用这一争议焦点，不同法院观点不同，裁判结果不断变动。最终，最高院认定，虽然X涉案商标中的“世界经理人”标志固有显著性不强，但其通过使用已经获得显著性，Y在其杂志上突出使用“世界经理人”标志的行为构成侵权。

在本案中，Y以“世界经理人”是描述性用语为由，主张其行为构成正当使用。最高院并未采纳该观点，在分析了Y对该标志的使用方式、使用目的、使用效果后，结合该标志的在先使用情况，认定Y的使用超出了说明或客观描述商品特点的必要限度，容易导致相关公众混淆误认，不属于正当使用。

本案对商标显著性判断及描述性正当使用的认定都作了详细的说明，明确了商标描述性正当使用的判断标准，对今后的司法实践具有指导意义。

二、描述性使用的规定及学理

商标描述性正当使用的法律依据主要是《商标法》第59条规定："注册商标中含有的本商品的通用名称、图形、型号，或者直接表示商品的质量、主要原料、功能、用途、重量、数量及其他特点，或者含有的地名，注册商标专用权人无权禁止他人正当使用。"该规定的趣旨在于，对于描述性用语等不宜被独占使用的标志，通过限制商标专用权的权利行使，防止特定主体以商标权的方式独占市场经营所必需的标志，保护消费者对商品的信息获取及选择权，保护市场公平竞争，促进产业发展。

描述性使用的保护是公共领域及其与商标专用权博弈的结果。一方面，对于描述性用语原本具备的形容某种商品特点的"第一含义"，其描述性正当使用属于公共领域，不受商标权限制；另一方面，含有描述性用语的商标固有显著性通常较弱，但是，经过长期使用也可以获得显著性，起到区分商品来源的作用，发挥作为商标的"第二含义"，此类"第二含义"的商标性使用仍在商标权效力范围之内。

三、描述性正当使用的认定

对于商标性使用，《商标法》第48条规定："本法所称商标的使用，是指将商标用于商品、商品包装或者容器以及商品交易文书上，或者将商标用于广告宣传、展览以及其他商业活动中，用于识别商品来源的行为。"对于不符合该规定的使用行为，可以视为非商标性使用。但是，关于描述性正当使用的认定，相关法律及司法解释中并未对其构成要件及判断标准作出明确规定。

司法实践中的认定更注重对描述性使用是否“正当”的判断，主要围绕标志使用方式、使用意图、使用结果进行审查。具体而言，在使用方式上，对于描述性用语的正当使用应该限于对商品特点说明或客观描述，且表述方式应正当合理，而非突出注册商标；在使用意图上，该使用出于善意目的，即用于描述自己商品的特点，而非恶意攀附商标权人或不正当竞争；在使用结果上，其使用不会导致相关公众产生混淆。此外，还应结合商标的显著性、知名度及使用情况进行综合考虑。

具体到本案，“世界经理人”经使用宣传已经获得显著性及知名度，具有商标法意义上的“第二含义”。Y 在被诉侵权杂志中有意突出使用“世界经理人”字样，使用方式上不具有正当性；作为同业竞争者，Y 对 X 杂志的知名度理应知悉，但并未进行合理避让，而是使用极为近似的标识，在主观上具有攀附商标权人商誉的意图；其使用行为在客观上容易造成相关公众的混淆误认，因此不属于描述性正当使用，构成商标侵权。

学理上值得探讨的是，在描述性正当使用的认定中，《商标法》第 48 条“商标的使用”及第 59 条“通用名称、描述性名称”的适用关系。通常来说，对于商标的描述性使用不构成商标性使用，但是在具体认定中，第 59 条的适用通常需要判断商标本身是否为描述性表述，如果商标为描述性表述，那么商标权人的权利本身就受到限制；而第 48 条商标性使用的判断则主要集中在相关标示的使用是否能够使公众识别商品或服务来源，如果该标示的使用没有起到区分商品来源的作用，而仅仅是描述和说明，则不满足商标性使用的要件。虽然描述性使用和商标性使用的判断结果殊途同归，但在对描述性正当使用进行分析时，适用不同的规定，具体的认定侧重点也会不同。

四、判决的价值参考

结合本案旷日持久的诉讼过程来看，具有描述性表示的文字商标本身固有显著性较弱,为证明其获得显著性,也需要大量证据证明该商标经过长期使用已经能够起到区分商品来源的作用。另外,商标法对该类商标的保护具有局限性,描述性商标的专有权人不能禁止他人的正当使用,而描述性正当使用的判断并不容易,商标侵权的认定标准较高。随着技术和产业发展,未来的商标使用会越发复杂和多样,明确描述性正当使用的判断标准及法律适用,才能更清晰的界定商标权保护范围,更好地平衡商标专用权与公共领域之间的利益。

021

指示性使用作为权利行使限制事由 / 张唯瑜

浙江蚂蚁小微金融服务集团股份有限公司、支付宝(中国)网络技术有限公司与广东第六感文化传播有限公司侵害商标权及不正当竞争纠纷上诉案/浙江省高级人民法院民事判决书,(2019)浙民终1180号

事实概要

浙江蚂蚁小微金融服务集团股份有限公司、支付宝(中国)网络技术有限公司(一审原告、二审上诉人,以下简称X)是支付宝、Alipay、蚂蚁花呗等一系列注册在第35类及第42类上商标的被许可人,依授权合同可以单独提起涉案商标诉讼。广东第六感文化传播有限公司(一审被告、二审上诉人,以下简称Y)的经营内容包括支付宝小程序开发等。Y在线下举办了支付宝应用公测全国巡回研讨会系列活动,并在其网站、微信公众号和合同等交易文书上大量使用X的涉案商标标识,X认为其行为构成商标侵权和不正当竞争,故向浙江省杭州市中级人民法院提起诉讼,一审法院判定,被诉侵权行为构成对涉案第42类上注册商标权的侵害,且构成不正当竞争。

原被告均不服一审判决,向浙江省高级人民法院提起上诉。X认为Y的被诉侵权行为同时构成了对涉案第35类注册商标的侵害;Y主张其对"支付宝"标识的使用是为了告知相关公众其系在支付宝平台上开发小程序,属于合理使用,不构成侵权。

判决要旨

浙江省高级人民法院驳回上诉,维持原判。

关于 Y 的被诉侵权行为是否构成对涉案第 35 类注册商标的侵害,法院认为,商标侵权判断需要确定的是被诉标识使用于哪一类商品或服务,而非被诉侵权行为人在事实上实施了什么行为。第 35 类中的推销、广告等中介服务是指为他人销售商品(服务)提供建议、策划、宣传等服务。在本案中,Y 在宣传及推广活动的过程中使用了被诉标识,但其宣传和推广的对象都是支付宝小程序软件设计及相关服务,至于其为区域服务商提供建议、策划等行为,相关公众并不知晓。因此,从 Y 使用被诉标识的目的及相关公众的视角来看,被诉标识都是用于指示软件设计及相关服务的来源,而不是用于指示推销、广告服务的来源,不属于在第 35 类服务上的使用,不构成侵害。

关于 Y 的指示性合理使用抗辩是否成立,法院认为,对他人商标进行指示性使用应当限于必要、合理的范围内,在主观上应当具有善意,在客观上不会导致相关公众混淆误认。在本案中,Y 在宣传经营过程中,并不是以叙述性方式使用被诉标识,客观告知相关公众其系在支付宝平台上开发小程序,而是大量、突出使用被诉标识,以不规范的"支付宝应用"等表述替代"支付宝小程序",显然超过了必要、合理的使用界限;其故意不使用可与 X 产生区分度的 Y 本身的商业标识,却以"移动营销服务中心"为名,进一步模糊其与 X 之间的非关联性,在客观上已经导致相关公众对软件设计服务的来源产生混淆,或者误认为其与 X 之间存在特殊关系。因此,Y 的合理使用抗辩不能成立。

评 析

一、判决思路和意义

本案涉及民事诉讼高度可能性证明标准的适用、商标侵权的认定、合理使用抗辩等诸多争议焦点,本文主要就商标的指示性使用展开讨论。本案法院阐明了商标指示性使用需满足的要件,即必要性及合理性要件、主观善意要件与无混淆可能性的结果要件,并对被告行为是否符合指示性合理使用进行了较详细的分析。在立法对指定性使用的认定标准没有明确规定的背景下,本案为今后的案件提供了参考。

二、指示性合理使用的规范及学理

指示性使用,是指为客观说明自己所提供的商品或服务与他人商品服务有关,而使用他人商标的行为,且该商标直接指向商标权人的商品或服务,而非使用者。保护指示性合理使用对商标权行使进行限制的目的在于,通过平衡商标权人及其他市场竞争者利益,保护商业信息的自由流通,促进市场公平竞争。同时,从法经济学角度出发,也可以通过给消费者提供关于品牌信息,降低搜寻成本,促进品牌及产品质量的维护。[1]

关于商标权的合理使用,《商标法》第59条规定了描述性合理使用,但并未涉及指示性使用。部分地方性司法文件,如《江苏省高级人民法院侵害商标权民事纠纷案件审理指南》(2021年)、《四川省高级人民法院侵害商标权案件审理指南》(川高法〔2018〕229号)、《北京市高级人民法院关于审理商标民事纠纷案件若干问题的解答》(京高法发〔2006〕68号)等均有涉及指示性使用,但层级较低,也不具有普遍意义。

虽然法律法规没有具体规定,但在司法实践中,指示性使用作为商标权利行使限制事由经常以侵权抗辩形式被提出。在没有明确统一认定标准的情况下,法院审理中主要从以下几个方面进行判断:使用前提上的必要性、使用方式中的合理限度、使用商标的主观善意以及混淆可能性。首先,对他人商标的使用应出于必须,使用人为描述说明其商品或服务不可避免地会使用到他人的商标,如维修组装、零部件等行业中的指示性使用;其次,使用

〔1〕 参见宁立志:《知识产权权利限制的法经济学分析》,载《法学杂志》2011年第12期。

方式应在合理的限度之内，使用人不能过度突出使用他人商标，错误地引起消费者的注意，暗示其关联，具体认定则通常需要结合使用的数量、使用频度及程度、使用形式等进行个案分析；再次，对他人商标的使用应出于善意目的，使用人不应恶意攀附商标权人的商誉，或在主观上欺骗消费者，损害商标权人的合法利益。是否善意的判断通常需要结合实际使用方式及结果予以考虑；最后，从使用结果来看，使用者的行为不应导致相关公众对该使用的混淆，误以为使用者与商标权人之间存在特定关联，对于混淆可能性的判断也需要结合具体的使用方式和情况分析。

理论界对于指定性使用的判断要件也有过诸多讨论，其与司法实践中的分歧点主要在于，混淆可能性是否应为指示性使用的构成要件。有观点认为，指示性使用保护的是使用人的表达自由和消费者的知情权在内的公共利益，而混淆可能性则是判定是否构成商标侵权的重要条件，保护的是商标权人的利益，其判断从与原告与被告使用的商标标识的相同或者相似度来考虑，不应成为指示性使用的构成要件。并且，指示性使用通常不会造成商品来源混淆，如果其使用程度超出合理限度，也可以考虑通过《反不正当竞争法》予以保护。[1]

三、以往司法实践

从目前的司法实践来看，指示性合理使用主要涉及两种类型：一是商品销售及转售，通过合法渠道获得的商品在转售的过程中对其商标进行使用；二是在维修售后、零件组装、产品配件等情形下，为说明商品或服务的特点或用途的目的而使用他人商标。

在第一种情形下，法院认定不构成侵权的有立邦涂料（中国）有限公司

---

〔1〕 参见冯晓玉：《论我国商标指示性合理使用的认定及其构建》，载《法学》2021 年第 1 期；张慧霞、姚梦媛：《商标指示性使用问题之辨》，载《电子知识产权》2019 年第 9 期。

诉上海展进贸易有限公司、浙江淘宝网络有限公司侵害商标权纠纷案。[1]在该案中，被告在网站上经销多种油漆商品，在对原告商品进行促销宣传时，使用了原告注册商标，法院判定该使用方式合理，不存在消费者对商品来源认知的混淆，也不涉及商标显著性或知名度的降低，故不构成商标侵权。法院认定构成侵权的有维多利亚的秘密商店品牌管理公司诉上海麦司投资管理有限公司侵害商标权及不正当竞争纠纷案。[2] 在该案中，被告在其经营的店铺招牌、店内墙面、货柜员工胸牌、VIP 卡等处突出使用了原告商标标识，在网站、微信等对外宣传其店铺为原告直营店、专卖店、旗舰店，宣称其为原告中国区品牌运营商等，并开展了全国招商加盟宣传。法院认定，被告对原告商标的使用超出了必要范围，足以使相关公众对服务来源产生误认，构成商标侵害。

在第二种情形下，法院认定不构成侵权的有 OPPO 广东移动通信有限公司与杭州欧之歌贸易有限公司侵害商标权纠纷案。[3] 在该案中，被告在其开设的网络店铺销售耳机，其商品名称显示为“影 × × 适用 OPPO 有线耳机入耳式……”，商品详情中的产品名称显示为“HALFSun/影巨人适用OPPO”、型号显示为“适用 OPPO 耳机入耳式 R15R11s”。法院认为，被告对原告 OPPO 字样的使用直接表示了商品的特点，即涉案耳机的特点是可以适用 OPPO 产品，从其标明其品牌适用 OPPO 等字样来看，未让人产生涉案产品系 OPPO 原装产品的误认，并不属于非正当的、不诚实的使用，不构成商标侵权。法院认定构成侵权的有杭州捷丰除湿制冷技术有限公司与迪思特空气处理设备（常熟）有限公司、西部技研 DST 有限公司侵害商标权纠纷案。[4] 在该案中，被告在销售的商品铭牌上突出标注“捷丰 DST”等的标

〔1〕 参见上海市第一中级人民法院民事判决书，(2012)沪一中民五(知)终字第 64 号。
〔2〕 参见上海市高级人民法院民事判决书，(2014)沪高民三(知)终字第 104 号。
〔3〕 参见浙江省杭州市中级人民法院民事判决书，(2019)浙 01 民终 9115 号。
〔4〕 参见江苏省高级人民法院民事判决书，(2020)苏知终 5 号。

识,在网站宣传其生产"捷丰 DST"品牌的低湿空调机组,宣传其是 DST 公司代理商。法院认定,被告的使用方式,容易导致消费者对该商品制造者的身份产生混淆误认,误认为原被告之间存在某种特定商业关系,超出商标指示性使用的合理范畴,故构成商标侵权。

目前在司法实践中,涉及指定性合理使用的案件主要集中在较为传统的销售及维修服务等领域,在具体认定中,除了对使用方式、使用限度等进行考量外,仍注重对是否会造成混淆误认进行判断,此外,也会对是否存在授权合作关系、是否存在虚假宣传等问题予以综合考虑。

四、判决的价值参考

随着新媒体技术、云服务、小程序等服务方式的发展,在多媒体场景下,在各种客户端口、服务平台上对他人商标标识的使用会越发普遍和多样化。一方面,立法对指示性使用的适用标准未予以明确,在新媒体环境下的认定仍需遵循必要性、合理性、善意使用等的传统标准;另一方面,使用者以信息化方式对商品服务进行展示时,平台上使用者与商标权人的关系、使用方式的改变等,以及更为复杂的使用情况可能给认定带来困难及新的挑战。本案以软件开发方及信息平台中的商标使用为背景,阐明了指示性使用的考量要素,对今后的案件具有借鉴意义。同时,未来的司法实践如何处理混淆可能性要件,也值得进一步讨论和研究。

022

在先商标继续使用抗辩 / 张鹏

广州正誉知识产权代理有限公司与正誉企业管理(广东)集团股份有限公司等侵害商标权纠纷案 / **广东省高级人民法院民事判决书,(2020)粤民再257号**

事实概要

广州正誉知识产权代理有限公司(一审原告、二审上诉人、再审申请人,以下简称X)是"正誉"商标的独占许可使用人。X认为,正誉企业管理(广东)集团股份有限公司(一审被告、二审上诉人、再审被申请人,以下简称Y)涉嫌在类似服务上使用包括"正誉"等标识在内的多个被诉侵权标识,与涉案注册商标构成商标近似,故向一审法院起诉,请求判令停止侵权并赔偿损失。一审法院判决Y侵犯X的注册商标权。二审法院认为,Y在先使用"正誉"标识,并具有一定影响力,符合商标先用权的抗辩,改判Y不侵犯X的注册商标权。X提起再审,再审法院认为,Y不符合商标先用权的要件,判决撤销一、二审判决。

其中,二审判决认为:在先使用的时间界定,应以注册商标的申请日为界限,兼顾考虑商标注册人对注册商标的实际使用时间。[1] 如将在先使用的时间界限不加区分地提前到商标注册人对注册商标的实际使用时间,无疑是将注册商标专用权的保护范围在时间上扩大到了未申请注册前的实际使用时间,这与《商标法》第59条第3款保护善意使用人的立法目的不符。

---

〔1〕 参见广州知识产权法院民事判决书,(2019)粤73民终2702号。

注册商标在申请日前属于未注册商标,适用《商标法》第 32 条进行保护,如果商标注册人对注册商标的实际使用在注册商标申请日前已“有一定影响”,可以将在先使用的界定日期提前到商标注册人对注册商标的实际使用日,这属于未注册商标的保护范畴,对“有一定影响”的判断应依据《商标法》第 32 条进行判断,其判断标准高于《商标法》第 59 条第 3 款“有一定影响”的判断标准……对“一定影响”的认定标准应考察使用人是否善意,如果是善意使用,那么认定的标准可以适当减低,以符合《商标法》第 59 条第 3 款保护善意使用人的立法目的;如果是恶意攀附,对“一定影响”的认定标准则应适当提高。

判决要旨

广东省高级人民法院撤销原判决,责令 Y 停止侵权与赔偿损失。

商标法的在先使用抗辩制度的设置,是知识产权保护中利益平衡原则的充分体现。该制度的创设系立法者考虑经营活动中确实存在未经注册但已实际使用并产生一定影响力的标识,而在先使用人的正当权益应予保护。为了平衡注册商标权利人与未经注册已在先使用的使用人之间的利益,故设置该制度以保护在申请日前已经在市场上存在并具有一定影响但未注册的商标标识所有人的权益。但是,该项制度的设置仍系在商标法框架之内,并未突破商标注册制度,对未注册商标的保护仍应以确保商标注册制度不被动摇为基本准则,故其适用应符合严格的法定条件。

在先使用抗辩至少应同时符合如下要件:一是该使用须在注册商标申请日前使用,且须早于商标注册人对商标的使用,即“双优先”标准;二是须使用在与注册商标核定使用商品或服务相同或者类似商品或服务上;三是该在先使用的标识具有一定影响;四是被诉侵权行为系在先使用人在原有范围内的使用。

尽管Y使用被诉标识的时间早于涉案注册商标的申请日，然而，商标法的在先使用抗辩，其“在先”须满足“双优先”条件，即还须早于商标注册人对商标的使用……从合同签订和履行时间看，X对“正誉知识产权”中“正誉”字样的使用行为均早于被诉标识的使用。因X所主张的在先使用抗辩不符合“双优先”的法定要件，故本院对其在先使用抗辩不予支持。

评 析

一、判决思路和意义

对在先使用抗辩的要件，本案再审判决不同于二审判决的理解，在形式上拘泥于条款本身关于使用时间点先后的字面用语，强调“双重在先”的要求；而二审判决则通过对比《商标法》第32条中的“一定影响”概念和《商标法》第59条第3款中的“一定影响”概念的区别，综合衡量相关要素后扩大了在先使用抗辩的适用范围。

二、在先使用抗辩要件的规范及学理

《商标法》第59条第3款规定的在先商标的继续使用抗辩是2013年修改《商标法》时新增的。增加该款规定的目的，在相关释义中指出：“该款规定目的在于保护已经在市场上具有一定影响但未注册的商标使用人的权益”。[1] 尽管在制度上承认先使用商标与在后注册商标的共存，但是其地位劣后于商标注册人，需要在先使用人满足法定的要件，且承担防止混淆的义务。如相关释义就指出：“我国商标制度是以注册主义为基础建立，虽然有必要给予在先使用的未注册商标一定的保护，但保护水准不宜过高，以免冲

〔1〕 郎胜主编：《中华人民共和国商标法释义》，法律出版社2013年版，第113页。

击到注册主义这一基石”。[1]

对于在司法实践和学说中列举的诸多要件，有学者主张应区分构成要件和法律效果，同时排除侵权构成的要件，从而准确提炼在先使用抗辩得以成立的构成要件。在此基础上指出：在先商标继续使用抗辩的构成要件可以归结为三个：在先使用行为应早于注册商标的申请日；在先使用人应当出于善意；在先使用的标识经过持续性商标使用产生了一定影响。[2]

其中，善意要件的论证与条文文意中的“双重在先”存在紧密的联系。从条文文意看，在先使用抗辩以“双重在先”为要件，即要求在先使用人的使用既要在“商标注册人申请商标注册日之前”，也要在“商标注册人实际使用之前”。

在立法沿革中也可以观察到这种认识，即在2012年国务院向全国人大常委会提交审议的《商标法修正案（草案）》中对该款的规定为：“商标注册人申请商标注册前，他人已经在同一种商品或者类似商品上使用与注册商标相同或相近似的商标的……”[3]而在公开征求意见中就有专家指出：“在判断他人是否构成在先使用时，应当以双方的使用时间作比较。在商标注册人最先使用该商标的情况下，其他在注册前使用该商标的行为并不应该得到保护”，[4]在此基础上建议修改为“商标注册人使用在后的，无权禁止使用在先的他人善意地继续使用该商标”。对此建议，立法机关最终采取了现行的以“先于商标注册人使用”代替“善意”要件的方案。[5]

对此，学说上主张对在先使用人施加“善意”要件。[6] 在权威部门对本

---

〔1〕 郎胜主编：《中华人民共和国商标法释义》，法律出版社2013年版，第114页。

〔2〕 参见张鹏：《〈商标法〉第59条第3款“在先商标的继续使用抗辩”评注》，载《知识产权》2019年第9期。

〔3〕 郎胜主编：《中华人民共和国商标法释义》，法律出版社2013年版，第206页。

〔4〕 同上书，第242页。

〔5〕 参见汪泽：《中国商标法律现代化》，中国工商出版社2017年版，第231页。

〔6〕 同上。

条款的释义中，提及在先使用人出于“善意”，[1]或者“没有过错”。[2]

三、以往司法实践

在司法实践中，对于在先使用抗辩的构成要件中“是否要求在先使用人‘双重在先’”，“GREATWALL”案[3]、“古木夕羊”案[4]、“新华书店”案[5]等均在抽象论旨层面持“双重在先”观点。

在具体案件事实的判断上，也存在依据商标权人“使用在先、注册在后”的事实，直接否定被告主张的先使用抗辩的案例。例如，在“新华书店”案中，在先使用人之前得以使用“新华书店”商标是基于特定身份获得。即原南宁市新华书店也是基于其全民所有制性质获得使用新华书店服务商标，同时，其自愿加入中国新华书店协会成为会员也表明其愿意接受协会章程的管理。而经改制不再当然享有使用新华书店服务商标的权利的情况，在先使用人并不存在恶意或过错。但仍认定在先使用人对新华书店服务商标承载的商誉已不具有合法权益。

与此相对应的，也存在只强调需要满足在注册申请人注册申请日之前进行使用即可，而没有提及商标注册人是否使用在先的实践，如在“八宝春”案[6]中对于认定时间标准问题，以相关使用行为发生在“商标注册人申请商标注册前”为前提；在“全味永和豆浆”案[7]中，在先使用的时间比对是将主张在先使用人的使用时间与注册商标的申请时间作比较等。

---

〔1〕 参见郎胜主编：《中华人民共和国商标法释义》，法律出版社2013年版，第113页。

〔2〕 参见袁曙宏主编：《商标法与商标法实施条例修改条文释义》，中国法制出版社2014年版，第72页。

〔3〕 参见广东省佛山市中级人民法院民事判决书，(2016)粤06民终5647号。

〔4〕 参见浙江省杭州市余杭区人民法院民事判决书，(2016)浙0110民初18246号。

〔5〕 参见广西壮族自治区南宁市中级人民法院民事判决书，(2014)南市民三初字第207号。

〔6〕 参见最高人民法院民事裁定书，(2017)最高法民申3779号。

〔7〕 参见安徽省合肥市中级人民法院民事判决书，(2018)皖01民终2210号。

同时，也存在不拘泥于条款本身关于时间点先后的字面用语，而将在先使用是否出于“善意”作为重要的考量因素的案例，如“启航”案。[1]

在证明责任上对于“善意”要件，实践中存在采取推定的判断方法，即只要是在在后注册商标的在先使用日之后使用，就推定构成恶意。比如，在“环球”案[2]中法院指出：虽然番禺雅思中心成立日期早于涉案商标的申请注册日，但现有证据表明，环球天下公司使用“环球”标识的时间早于番禺雅思中心成立及使用“环球”标识的时间，番禺雅思中心作为雅思英语培训行业的同业经营者，对此理应知晓。

对于证明责任的分配问题，在“古木夕羊”案中法院指出：即使存在使用在先的要求，也需要由注册商标权人证明其先于在先使用人的使用，而不是相反地由在先使用人证明其早于在后注册人的使用。

四、判决的价值参考

从原理上看，如果商标注册人的注册之前在先使用行为仅在某一狭小地域发生，而在先使用人的使用行为发生在不与商标注册人使用地域相交叉的范围，在《反不正当竞争法》上两者互不侵犯，除非能够证明在后使用的主体具有不正当竞争目的。如果仅仅因为在先使用人的使用行为晚于商标注册人的使用时点，就排除了在先使用人主张在先使用抗辩，将会使在先使用人在原有范围内建立的商誉付之东流，有违设立在先使用抗辩的宗旨。从这个角度看，本案二审判决相较再审判决更加合理，再审判决对条文中“双重在先”要件的形式化解释可能导致在先使用抗辩设置的宗旨难以达成。

---

〔1〕 主审此案的法官亦有此种观点，如芮松艳、陈锦川：《〈商标法〉第59条第3款的理解与适用——以启航案为视角》，载《知识产权》2016年第6期；佟姝：《商标先用权抗辩制度若干问题研究》，载《法律适用》2016年第9期。

〔2〕 参见北京知识产权法院民事判决书，(2017)京73民终991号。

从《反不正当竞争法》保护未注册商标的宗旨来看，即使某一主体知道或应知某一未注册商标在某一地域使用，并在与该地域不相干扰的地域使用，只要不是出于不正当竞争目的，在不同地域自由使用应该是《反不正当竞争法》保护未注册商标的应有之义。因此，对于在先使用人的使用时点晚于在后注册商标的实际使用时点的情况，也不可一概否定构成在先使用抗辩的可能性，而应当对在先使用人是否"善意"进一步作出判断。在证明责任上对于"善意"要件，实践中存在采取推定的判断方法，即只要是在在后注册商标的在先使用日之后使用，就推定构成恶意。对此，也有学者指出，此处施加"善意"要件的证明责任由商标注册人承担，且不能采取推定的判断方式。当在先使用人证明了其使用行为先于商标申请注册时，只有注册商标人证明了在先使用人的使用在注册商标人的使用之后，且具有不正当竞争目的时，才可以否定在先使用人的抗辩权。此处的不正当竞争目的的证明要求高于明知或应知的标准，即要求具体存在妨害竞争的行为。[1]

---

〔1〕 参见张鹏：《〈商标法〉第59条第3款"在先商标的继续使用抗辩"评注》，载《知识产权》2019年第9期。

注册商标权的归属与侵权救济

023

注册商标权的归属 / 李明德

红牛维他命饮料有限公司与天丝医药保健有限公司商标权权属纠纷案/
最高人民法院民事判决书,(2020)最高法民终394号

事实概要

天丝医药保健有限公司(一审被告、二审被上诉人,以下简称Y)拥有"红牛"系列注册商标。红牛维他命饮料有限公司(一审原告、二审上诉人,以下简称X)是被告系列商标的被许可人。双方争议的焦点是,X是否拥有"红牛"系列商标,或者是否属于"红牛"系列商标的共同所有人。

根据案情,红牛泰国公司、深圳中浩公司、中国食品总公司,于1995年11月与Y缔结协议,设立合资公司。其中约定了各方的出资数额,以及Y向合资公司提供产品配方、工艺技术、商标和后续改进技术等。合同中的"提供商标",成为双方当事人争议的焦点之一。后来,公司股东不断变化,最终演变为X,也即本案的原告。

关于"红牛"系列商标,双方当事人于1996年12月签订《商标使用许可合同》,约定Y将红牛商标许可给X独家使用,期限3年。X按当年销售额的3%支付商标许可费。1998年10月28日,双方再次签订《商标独占使用许可合同》,约定Y在中国境内享有红牛商标所有权,授权X独占使用,全权处理有关红牛商标的诉讼事宜,许可期限截至2006年12月6日。随着合作的推进,双方又于2000年11月签订《商标使用许可合同》,约定X在中国境内独家使用红牛商标,本次许可截止日为2016年12月6日。

在许可X使用"红牛"商标的过程中,Y还在中国申请注册了一些与"红

牛”相关的商标,统称为“红牛系列商标”。在双方合作的过程中,X 也按照商标许可合同的约定,支付了大体为当年销售额 3% 的商标许可费。

1996 年红牛饮料在中国上市以后,X 积极开拓市场,投入大量的广告宣传,赢得消费者的喜爱,取得了引人瞩目的市场成功。随着 2016 年 12 月商标许可期限的临近,X 与 Y 在相关利益的分配方面发生了纠纷,难以继续合作。尽管双方经济利益的清算异常复杂,但 Y 不再许可 X 使用“红牛系列商标”,对 X 的经营造成了极大的问题。X 认为,红牛系列商标在中国的成功,是由自己的努力和付出所造成的。至于 Y,仅仅是许可自己使用了“红牛系列商标”而已。

于是,X 于 2018 年 8 月向北京市高级人民法院提起诉讼,主张其对“红牛系列商标”享有所有权;如果不能单独享有所有权,也应当与 Y 共同享有所有权,并分享相关的经济利益。Y 主张,自己对于“红牛系列商标”,在中国拥有清晰、完整、独立的所有权,既不可能归属于 X 独有,也不可能与 X 共有。北京市高级人民法院经审理,驳回了 X 的主张,认定“红牛系列商标”归属于 Y 独有。X 不服一审判决,向最高人民法院提起上诉,认为一审法院关于“红牛系列商标”归属的认定错误,应当予以推翻。最高人民法院经审理,维持了北京市高级人民法院的一审判决。

判决要旨

一、X 不享有“红牛系列商标”的所有权

最高人民法院认为,当双方当事人签订《1995 年合资合同》时,Y 已经就 3 个“红牛”商标申请了注册,为注册申请人。然而,“合资合同”并没有就商标权属和商标转让事宜进行约定。合同仅约定,各方当事人以出资的份额比例分享利润或者分担风险,但没有约定 Y 以商标作为出资方式。判决书论证道,商标的转让会导致商标权属的变更,一般不会设定转让的期限。而商标的许可则会设定许可期限。在这方面,“合资合同”明确约定合资公司的期限为30年。如果提前终止合资合同,则合资公司可以在合同约定的期限内,继续使用产品配方、工艺和商标。这表明,Y提供合资公司使用商标,属于商标许可,而非商标转让。

判决书指出,“合资合同”约定,Y为合资公司提供产品配方、工艺技术和商标。在合同中,提供商标与提供配方、工艺是一起提到的。与此相应,对于商标使用的解释,应当与配方、工艺使用的解释,采取同一原则和标准。按照《1995年合资合同》,各方出资人均负有义务,对Y提供的产品配方、工艺技术进行保密。这表明,Y对自己提供的产品配方和工艺技术仍然保有控制权,并没有转让给X。按照同样的道理,Y也没有把自己的商标转让给X。

关于“红牛系列商标”,Y与X自1996年至2016年,签订了多份商标许可使用合同,均明确“红牛”注册商标归属于Y所有,许可X使用。X也依据约定按时支付了商标许可费。这表明,相关的商标许可使用合同得到了充分有效地履行。鉴于涉案的其他商标与“红牛商标”基本相同或者近似,系列商标许可合同还同时约定了系列商标的许可使用。法院在判决中还特别指出,在双方长达20年之久的商标许可使用关系中,X从来没有对于商标权利的归属提出异议,并且一再表示尊重Y的商标权。而且,X还以Y为被告,就商标许可使用合同的问题提起过诉讼。

二、X不属于“红牛系列商标”的共有人

X在诉讼中主张,自己作为涉案商标的实际使用人,为商标所承载的商誉做出了巨大的贡献,为部分商标进行了设计,为商标注册清除了障碍。按照民法的公平原则和诚实信用原则,自己应当享有或者应当与Y共同享有涉案商标的所有权。对此,最高人民法院从三个角度予以评论。

首先，除非当事人有特别约定，设计商标、为商标注册提供帮助，不属于商标法意义上的取得商标权的法定要件。其次，“红牛系列商标”的权属关系明确，X 的使用是基于 Y 的许可。相关的许可合同已经对双方的权利义务关系作了明确约定，X 不能因为使用和宣传“红牛系列商标”而取得商标权。最后，按照《商标法》的规定，被许可人应当保证商标商品的质量，维护商标的声誉。与此相应，X 以此主张自己享有或者共有“红牛系列商标”，缺乏法律和事实的依据。

最高人民法院在判决中还特别指出，商标声誉和知名度的提升，基于产品良好的质量。就本案而言，Y 不仅许可 X 使用自己的商标，而且许可 X 使用自己的产品配方和生产工艺，为 X 提供了一定的广告费用，从而为提升红牛产品的质量和商标的声誉做出了贡献。在这方面，X 确实为“红牛系列商标”进行了广告宣传，开拓和扩大了红牛产品的市场，付出了巨大的努力。然而在事实上，X 的这些付出，已经通过使用“红牛系列商标”和生产、销售相关产品，获得了足够的回报。

评 析

关于商标的所有、许可和使用，以及由此产生的商誉应当归谁所有等问题，“红牛公司诉天丝公司”这一典型案例给出了说明。

1. 商标所有。按照商标法的基本原理，商标权的取得有两个途径：一是原始取得，包括在先使用和申请获准注册，获得相应的商标权；二是继受取得，包括受让、继承、继受，获得相应的商标权。就商标注册的获得而言，需要商标所有人向国家的商标主管部门申请，经由商标主管部门的审查，然后予以公示并记载于注册簿上。与此相应，注册商标的转让和受让，通常要经历两个程序：一是双方当事人缔结转让协议，明确记载注册商标转让的事宜，如注册商标的样本、注册证书号码、注册有效期限等；二是双方当事人向国家的商标主管部门提出备案，并且由商标主管部门审查、公示，发给变更后的注册证书。

在本案中，就“红牛系列商标”而言，Y 与 X 既没有缔结过转让、受让的协议，也没有在国家商标主管部门做过备案，所以不存在商标转让的问题。事实上，从商标注册、转让、备案的相关制度来看，X 主张自己在事实上获得了“红牛系列商标”，是站不住脚的。

2. 商标的许可和使用。根据《商标法》的规定，商标所有人可以在保有商标所有权的前提下，许可他人使用自己的商标。为了维护相关商标所承载的商誉，商标所有人总是会要求被许可人保障相关商品或者服务的质量、性能。因此，随着商标许可，商标所有人还会提供相应的技术、服务和管理，以保障被许可人提供的商品或者服务，能够与自己提供的商品或者服务，保持大体一致的质量和性能。为了保障消费者的利益，被许可人还应当标明，自己是相关商标的被许可人，相关商品或者服务是由自己提供的。

在某些情况下，被许可人可能极大地扩展了相关商品或者服务的市场份额，甚至极大地提升了产品或者服务的质量、性能，为相关商标所承载的商誉做出了巨大的贡献。然而在商标许可的情形下，由此而产生的商标声誉，仍然归属于商标所有人。因为，被许可人仅仅获得了一个使用相关商标的权利，并没有获得拥有或者部分拥有商标的权利。就本案而言，无论 X 在中国市场上为“红牛系列商标”做出了多么巨大的贡献，由此而产生的商誉，只能归属于“红牛系列商标”的所有人 Y 所有。与此相应，X 关于自己应当拥有，或者应当与 Y 共享“红牛系列商标”的主张都不能成立。

3. 被许可人在商标许可中所获得的利益。事实上，被许可人在获得了商标许可之后，无论是在生产经营方面，还是在市场销售方面，都会占据一个有利的地位。就本案而言，Y 在许可 X 使用商标的同时，还许可 X 使用自己的产品配方、生产工艺。这样，X 就节省了开发产品配方和生产工艺的费用。同时，红牛商标在当时的国际市场上已经有了较高的知名度，X获得许可而使用，也可以节省大量的广告宣传费用。可以想象，如果X没有获得许可使用已经具有一定声誉的商标，没有获得许可使用产品配方和生产工艺，而是从头开始研发和生产饮料产品，从头开始积累商标所承载的商誉，一方面要投入巨大的产品配方、生产工艺的研发费用，另一方面还要投入巨额的广告宣传费用。而且，即使是在投入了巨大费用的基础之上，相关产品是否能够赢得饮料市场，是否可以获得市场成功，都是难以预料的。从这个意义上说，X仅仅关注自己在开拓中国市场和增加商标声誉方面的作用，却有意无意忽略了自己并非从零开始的事实。

024

商标反向混淆案件中侵权损害赔偿的考虑因素 / 尹艳雯

小米科技有限责任公司、小米通讯技术有限公司与杭州联安安防工程有限公司侵害商标权纠纷案 / **浙江省高级人民法院民事判决书,(2020)浙民终264号**

事实概要

杭州联安安防工程有限公司(一审原告、二审被上诉人,以下简称X)享有第10054096号“MIKA米家”注册商标专用权,核定使用商品为第9类“网络通讯设备;摄像机;录像机;扬声器音箱;扩音器喇叭;电线;防盗报警器;报警器;声音警报器;电锁”,专用权期限为自2012年12月7日至2022年12月6日。

小米通讯技术有限公司(一审被告、二审上诉人,以下简称Y1)、小米科技有限责任公司(一审被告、二审上诉人,以下简称Y2)自2016年起,在其生产的米家多功能网关、米家无线开关、米家对讲机、米家智能摄像机云台版、米家智能摄像机1080P、米家小白智能摄像机、米家行车记录仪、米家烟雾报警器、米家门窗传感器、米家天然气报警器10款商品及包装上使用“米家”标识,并通过小米商城、小米天猫旗舰店、小米京东自营旗舰店、小米之家(线下)进行销售,在销售网页的链接标题、商品详情、商品名称等处均使用了“米家”标识,同时在微信公众号宣传商品时亦使用了“米家”标识。

X就Y1、Y2生产、销售上述10种商品,并在商品及包装、销售网页中使用“米家”标识的商标侵权行为,索赔7780万元。

一审法院以侵权人因侵权所获得的利益作为依据计算赔偿金额，基本公式为“销售额×营业利润率×侵权行为对利润的贡献率”，具体计算方式如下：

1. 根据 Y1、Y2 提交的销量数据确定侵权商品的销售总额；

2. 根据京东向法院提交的侵权商品供货价格，结合侵权商品的销售价格，可以计算出作为中间商的京东销售侵权商品的毛利润率约为 30%，故 Y1 或 Y2 直接向终端消费者销售侵权商品的毛利润率应不低于 30%，考虑通过中间商渠道销售的侵权商品较少，法院对 Y1、Y2 的利润率均以销售价的 30% 为准；

3. 由于涉案各侵权商品在网页链接标题、商品详情、商品名称和商品包装上基本均使用了“米家”标识，“米家”标识对各侵权商品来源识别作用贯穿消费者选择、购买、使用的全流程，结合 Y1、Y2 及其在被诉侵权商品上与销售过程中所使用其他商业标识的知名度与品质保证功能对消费者选择的影响，法院酌情确定侵权标识对 Y1、Y2 利润的贡献率。

一审法院判决 Y1 赔偿 1200 万元，Y2 对其中的 670 万元承担连带责任。

Y1、Y2 均提出上诉。

判决要旨

浙江省高级人民法院改判赔偿 Y1、Y2 经济损失 300 万元。

关于损害赔偿，二审法院认为一审法院的计算方式存在以下错误：

1. 计算毛利润时，一审法院采用了不同计价标准的销售价（含税）和进货价（不含税），计算方法存在错误，导致所得的毛利润率明显偏高。

2. 侵权人因侵权所获得的利益一般应按照侵权人的营业利润计算，对于完全以侵权为业的侵权人,可以按照销售利润计算。本案两上诉人显然不属于以侵权为业的情形,一审法院以毛利润率计算侵权获利缺乏依据。营业利润系扣减销售费用、管理费用、财务费用后所得,通常明显低于毛利润,由于在案证据不能反映被诉侵权商品摊销的各项费用,导致营业利润率无法查明。

3. 关于被诉侵权标识对商品利润的贡献率,X 并未对此提供证据加以证明,其对两上诉人自行提交的评估报告中的数据亦不予认可,故一审判决认定贡献率的依据不足。

4. 以侵权人的获利计算赔偿数额时,应当注重被诉侵权商品销售利润与侵权行为之间的因果关系。在反向混淆的情况下,侵权人的经营能力、品牌知名度、营销推广能力明显强于商标权人,特别是在商标权人对注册商标的使用和宣传有限的情况下,侵权人的销售利润往往远高于商标权人的损失,但对于侵权人基于其自身的商标商誉或者商品固有价值获得的利润,商标权人无权进行索赔。在本案中,两上诉人的商品销售利润源于多种因素,包括自身的企业声誉、技术力量、销售渠道等,尤其是在被诉侵权商品上同时使用了 Y2 的"小米"等商标,消费者购买时亦会关注该些商标的商誉。就"米家"标识而言,其对于被诉侵权商品利润的贡献主要源于该标识经过两上诉人的宣传和使用积累的商誉,该部分商品利润与被诉侵权行为之间欠缺直接因果关系,故一审判决以侵权人的获利计算赔偿数额依据不充分。

由于 X 因被侵权受到的实际损失、两上诉人因侵权所获得的利益均难以确定,涉案商标亦无合理的许可使用费可供参考,本案应当适用法定赔偿。二审法院综合考虑涉案注册商标的显著性和知名度,上诉人侵权行为的规模、性质、后果以及侵权人的主观恶意等因素确定赔偿数额。二审法院作了如下考虑:

1. X 自 2012 年起对涉案商标进行持续使用和宣传,形成了一定的客户群体，涉案商标与 X 之间建立了特定的联系，亦凝结了 X 一定的商誉。两上诉人的侵权行为导致 X 利用“MIKA 米家”商标培养、建立自己商誉的机会被剥夺，今后的发展空间以及拓展市场的能力受阻，因此遭受损失。

2. 两上诉人自 2016 年起在侵权商品和外包装以及网店销售页面使用了“米家”标识，并通过多个网络渠道和实体专卖店销售侵权商品，同时在微信公众号宣传商品时亦使用了该标识，涉案被诉商品共 10 款，销售金额高，侵权规模大，侵权范围广。

3. 两上诉人作为知名度与影响力高的企业，在利用其所占有的社会资源为其创造利润的同时，应当承担相应的社会责任，不得利用企业自身影响与优势地位侵夺他人商标，扰乱市场秩序。而在 Y2 申请注册第 18937089 号“米家”商标被商标局驳回的情况下，两上诉人已明知或应知 X 对“MIKA 米家”商标享有权利，却仍在商品上及宣传中持续、广泛使用“米家”标识，漠视他人商标权的存在和商标法的相关规定，侵权主观故意明显，在确定赔偿数额时应予着重考虑。

评 析

《商标法》第 63 条规定，侵犯商标专用权的赔偿数额，按照权利人因被侵权所受到的实际损失确定；实际损失难以确定的，可以按照侵权人因侵权所获得的利益确定；权利人的损失或者侵权人获得的利益难以确定的，参照该商标许可使用费的倍数合理确定。权利人因被侵权所受到的实际损失、侵权人因侵权所获得的利益、注册商标许可使用费难以确定的，由人民法院根据侵权行为的情节判决给予 500 万元以下的赔偿。

在反向混淆案件中，权利人所受的损害主要体现在被剥夺了与涉案商标建立联系和商誉的机会，这种损害更多地表现在社会影响和未来的获利可能性上，而难以确定具体的损失金额，更难以举证。甚至，在极端情况下，由于消费者将权利人的产品误认为在后侵权人的产品,而侵权人通常是更知名的大企业,权利人产品的销量和利润不仅没有减少,反而可能增长。因此,在司法实践中用权利人的实际损失作为赔偿标准并不合理。

由于侵权人通常是市场地位强势的一方,其所获利益远远高于权利人的损失,若以侵权人所获利益为标准,极有可能计算出天价的赔偿金额。例如,2013 年新百伦案,一审判决 9800 万元赔偿额。[1] 但事实上,这种计算方式并不公允,侵权人所获利益并非均由侵权行为而得,更多的是由于侵权人本身的知名度和市场认可度。而且,在商标抢注日益泛滥的大背景下,如果以侵权人获利作为赔偿标准,极有可能刺激抢注者的投机行为,将抢注商标、侵权诉讼等一系列手段结合起来,谋取高额赔偿。因此,在反向混淆案件中,亦不宜以侵权人所获利益作为赔偿标准。

相较前两种赔偿方式,以许可使用费的合理倍数确定赔偿额更加合理。许可使用费体现的是权利人商标的市场价值,以许可使用费的合理倍数作为赔偿标准相对来说更符合商标侵权损害赔偿的填平原则。但是,在商业实践中,权利人许可他人使用商标的情形不多,有许可使用费可供参考的案件也比较少。如果在个案中确有许可使用费可供参考,则应当适用这一计算标准。

在前三种计算方式都不适宜的情况下,则应当考虑法定赔偿。在适用法定赔偿时,应当注意平衡在先权利人与已形成的市场格局之间的利益关系,将在先商标的使用情况与在先权利人的主观状态纳入考量因素,具体有以下几方面:

1. 在先商标的使用情况和知名度情况。虽然商标侵权的成立并不以在先商标实际使用或具有知名度作为要件,但在考虑损害赔偿的数额时需要考虑这一因素。尤其是在反向混淆案件中,如果权利人并无实际使用其商

〔1〕 参见广东省广州市中级人民法院民事判决书,(2013)穗中法知民初字第 574 号。

标的意图,那么所谓剥夺权利人未来的商业机会这一损害就无从谈起。因此,只有在权利人已经使用在先商标或有使用的准备时,才可能有损害的发生。否则,侵权人应当只承担停止使用的侵权责任,而无须承担损害赔偿。

2. 在先权利人的主观状态。如前所述,目前商标抢注问题日益泛滥,为防止投机者利用抢注的商标进行恶意诉讼,在具体案件中,应当同时考量权利人的主观状态。如果是在先权利人恶意抢注商标并进行恶意诉讼,则可以考虑减轻或免除损害赔偿。

由于反向混淆案件具有特殊性,其在侵权损害赔偿方面的规则与普通商标侵权案件应当有所区别。从目前的司法实践来看,尚未有明确的统一标准,判决金额也往往有较大差别。笔者赞同本案二审法院判决的思路,在反向混淆案件中不应以权利人实际损失和侵权人获益作为计算标准。在适用法定赔偿时,需要考虑在先商标的使用情况和知名度、侵权情节、权利人及侵权人的主观状态等因素。

025

侵权获利计算方法的适用 / 张鹏

山西杏花村汾酒厂股份有限公司与申某某、徐某侵害商标权纠纷案 / 山西省高级人民法院民事判决书,(2020)晋民终758号

事实概要

山西杏花村汾酒厂股份有限公司(一审原告、被上诉人,以下简称X)系“汾酒”“杏花村”注册商标权利人,“牧童牛”注册商标的被许可人。申某某、徐某(一审被告、上诉人,以下简称Y)在未取得X授权的情况下,非法使用“汾酒”“杏花村”“牧童牛”等注册商标标识、厂名厂址印制包装材料。Y因该行为已在刑事判决中确定犯非法制造、销售非法制造的注册商标标识罪,判处有期徒刑3年3个月,并处罚金15万元,同时依法没收其违法所得297,000元,上缴国库。

X在民事侵权判决中请求依法判令Y承担注册商标侵权赔偿责任,给付原告注册商标侵权损害赔偿金594,000元,并承担本案全部诉讼费用。一审判决,Y非法制造注册商标标识并进行销售,并且获利297,000元的事实已经生效的刑事判决予以确认,该行为侵犯了原告的注册商标专用权,X请求Y按照获利2倍的数额赔偿损失符合法律规定,法院予以支持。Y不服一审判决,上诉至山西省高级人民法院。

判决要旨

山西省高级人民法院驳回上诉,维持原判。

上诉人非法制造注册商标标识已经生效的刑事判决予以确认,上诉人的行为属于恶意侵犯商标专用权,对此行为

应加大赔偿力度。生效的刑事判决已确认上诉人违法所得为297,000元，原审法院依照《商标法》第63条规定，按照获利2倍的数额赔偿被上诉人经济损失，并无不当。上诉人上诉称，297,000元是"销售金额，并非获得利益"，应根据印刷行业的利润率（15%）计算获得利益。二审法院认为，上诉人的行为是违法行为，不应根据合法经营的印刷行业的利润率计算获得利益。

评 析

一、判决思路和意义

本案在侵权获利的认定上直接参考了刑事判决对非法所得的认定，并在此基础上适用了惩罚性赔偿。由于在刑事判决中依法没收的非法所得在性质上与民事判决中作为损害赔偿计算方法之一的侵权获利仍有较大区别，故本案此种直接适用的方式仍存在疑问之处。因此，有必要从该案出发就侵权获利计算方法的适用与协调民事侵权与刑事制裁进行探讨。

二、规范及学理

在侵权获利计算方法的适用上，现有实践体现出了较突出的矛盾性，缺乏根据统一理论统辖各种具体计算规则的标准。

一方面，如果将"侵权获利"作为"实际损失"的一种计算方法，那么侵权人如果能够证明权利人所遭受的实际损失少于侵权获利，就应该对侵权获利进行扣减。另一方面，如果从不当得利的制度目的出发理解"侵权获利"，那么其制度宗旨就在于剥夺侵权人违法行为所获利益，纠正财产利用行为的不正当性。[1] 这在数额上体现为，侵权人所获财产利益的主观价值。在对"利润"的理解上，如果仅仅考虑侵权人恢复到没有侵权行为时是否需要

〔1〕 参见胡晶晶：《知识产权"利润剥夺"损害赔偿请求权基础研究》，载《法律科学（西北政法大学学报）》2014年第6期。

进行投资，包括固定费、管理费在内的费用往往要在“毛利润”中予以扣减，并应通过“贡献率”的调整实现准确衡量侵权获利的数额。由于侵权人更易于掌握侵权产品的销售量、利润，标识所做出的贡献大小，因此“贡献率”在程序法上也成为责令侵权人承担举证责任的工具。

在协调民事侵权与刑事制裁方面，从商标领域的刑事制裁来看，我国《刑法》中有关商标的犯罪一共有三个，分别是“假冒注册商标罪”（第213条）、“销售假冒注册商标的商品罪”（第214条）以及“非法制造、销售非法制造的注册商标标识罪”（第215条），其法定刑均包含罚金刑。[1] 在处理民事诉讼与刑事制裁时，一般采取“先刑后民”的原则。也就是根据最高人民法院《关于在审理经济纠纷案件中涉及经济犯罪嫌疑若干问题的规定》（法释〔2020〕17号）第10～12条的规定，法院在审理经济纠纷案件时，发现有经济犯罪嫌疑或由公安机关或检察机关认为有经济犯罪嫌疑函告受理该案的法院的，经审查认为确有经济犯罪嫌疑的，应当将案件移送公安机关或检察机关。[2] 在实践中，大多数知识产权犯罪案件均是由行政机关在行政执法中发现有经济犯罪嫌疑而移送公安机关的。[3] 尽管这样行政罚款和刑事罚金不会出现重复适用的情况，但是刑事罚金和民事惩罚性赔偿则很可能出现重复适用的情况。

从上述规范的梳理可以看出，民事惩罚性赔偿与刑事制裁均可能出现重叠适用的情况，因此有必要进行一定的协调。对此，近期出台的最高人民

---

〔1〕 参见最高人民法院、最高人民检察院《关于办理侵犯知识产权刑事案件具体应用法律若干问题的解释（三）》（法释〔2020〕10号）第10条。

〔2〕 其中，经济犯罪主要是指最高人民检察院、公安部《关于公安机关管辖的刑事案件立案追诉标准的规定（二）》（公通字〔2010〕23号）中所列举的罪名，包含了侵犯知识产权犯罪。

〔3〕 根据《行政执法机关移送涉嫌犯罪案件的规定》（国务院令第730号）第3条第2款的规定：“知识产权领域的违法案件，行政执法机关根据调查收集的证据和查明的案件事实，认为存在犯罪的合理嫌疑，需要公安机关采取措施进一步获取证据以判断是否达到刑事案件立案追诉标准的，应当向公安机关移送”。

法院《关于审理侵害知识产权民事案件适用惩罚性赔偿的解释》（法释〔2021〕4号）第6条第2款在实体规则上明确："对已经被处以行政罚款或者刑事罚金且执行完毕的情况，尽管主张减免惩罚性赔偿责任的请求不会得到支持，但会在倍数时给予综合考虑。"在程序法上，可以考虑在民事诉讼与刑事诉讼两种程序间，应该承认在刑事诉讼附带民事诉讼解决民事赔偿的问题，这样可以实现在同一司法程序中协调刑事的罚金与民事的惩罚性赔偿。

三、以往司法实践

侵权获利计算方法在司法实践中适用比例较低。[1] 其在具体适用的理念上存在不确定之处，既存在惩罚性理解，也存在填平性理解。

从惩罚性角度看，实践中适用侵权获利的计算方法并未限于恶意侵权的情形；也存在不仅需要剥夺侵权人基于侵权行为而获得的利益，而且存在剥夺侵权人所获全部利益的情形，这在权利人未使用或反向混淆的案例中，存在依该计算方法导致赔偿数额极高的情况（典型的如"AWS"案[2]）。

从填平性角度看，对请求保护的注册商标未实际投入商业使用的，在最高人民法院《关于当前经济形势下知识产权审判服务大局若干问题的意见》（法发〔2009〕23号）第7条中强调，一般不根据被控侵权人的获利确定赔偿。如在"三洋"案[3]中法院就指出："鉴于原告并未生产电梯产品，即注册人在电梯产品上长期未使用注册商标，涉案注册商标对电梯产品的识别功能并未实现，被告的侵权行为并不会实际造成原告在本不存在的电梯产品市场份额方面的丧失或减少，亦不会实际造成原告在本不生产的电梯产品

---

〔1〕 参见詹映：《我国知识产权侵权损害赔偿司法现状再调查与再思考——基于我国11984件知识产权侵权司法判例的深度分析》，载《法律科学（西北政法大学学报）》2020年第1期。

〔2〕 参见北京市高级人民法院民事判决书，（2018）京民初127号。

〔3〕 参见江苏省高级人民法院民事裁定书，（2009）苏民三终字第0129号。

的利润方面损失,故损失额不宜以侵权人的经营获利为标准确定。”而关于“贡献率”的说理存在较大的不确定性。如在“新百伦”案〔1〕中,一审法院认为侵权行为对利润的贡献比例或分摊比例为50%,而二审法院认为侵权行为对利润的贡献比例或分摊比例仅为2.5%左右,最终将损害赔偿额从9800万元减少到500万元,相差了近20倍。也存在具体指明计算方法的案例,如在“港中旅”案〔2〕中,被告自2008年变更为含“港中旅”字号的公司名称,其当年营业收入为1292万元,较之2007年度营业收入348万元增长了944万元,在该公司并未举证证明其营业收入大幅增长的其他市场因素时,法院认定该944万元的增长额应推定为使用“港中旅”品牌所带来的效益。“港中旅”品牌在被告旅游业务利润中的贡献率应为944 ÷ 1292 × 100% = 73%。因此,在“贡献率”的计算上,在强调“被诉侵权商品销售利润与侵权行为之间的因果关系”理念下,司法实践中指出:“在反向混淆的情况下,侵权人的经营能力、品牌知名度、营销推广能力明显强于商标权人,特别在商标权人对注册商标的使用和宣传有限的情况下,侵权人的销售利润往往远高于商标权人的损失,但对于侵权人基于其自身的商标商誉或者商品固有价值获得的利润,商标权人无权进行索赔”。〔3〕 在“利润率”的计算上,也强调“赔偿数额的确定必须依据被诉侵权行为与获利之间是否具有直接的因果关系加以确定,销售利润并不等于侵权所得,两者应作严格区分”。〔4〕

依据最高人民法院《关于审理商标民事纠纷案件适用法律若干问题的解释》(法释〔2002〕32号)第14条中的计算规则,侵权获利 = 侵权商品销售量 × 商品单位利润;该商品单位利润无法查明的,侵权获利 = 侵权商品销售量 × 注册商标商品单位利润。在司法实践中,往往引入“利润率”的概念确

---

〔1〕 参见广东省高级人民法院民事判决书,(2015)粤高法民三终字第444号。
〔2〕 参见湖南省高级人民法院民事判决书,(2014)张中民三初字第5号。
〔3〕 参见浙江省高级人民法院民事判决书,(2020)浙民终264号。
〔4〕 参见最高人民法院民事裁定书,(2018)最高法民申2312号。

定侵权获利，即侵权获利＝侵权商品销售收入×利润率。这主要是由于“侵权商品销售收入”较为容易确定，而“侵权商品销售量”则较难以获取。[1]

在“利润率”的计算上，司法实践存在三种计算方法：一是基于侵权人的利润率；二是基于权利人的利润率；三是基于同行业利润率。其中权利人的利润率仅在侵权人利润率无法查明的情况下才予以适用。

四、判决的价值参考

本案二审判决中，直接将刑事判决中认定被告人非法所得的金额作为民事侵权获利的数额，该种适用方式并未考察在民事侵权获利计算方法适用中长期存在的以“利润率”“贡献率”等概念降低损害赔偿数额的实践，因此极易导致对被控侵权主体的过度惩罚。同时，在刑事制裁和民事惩罚性赔偿的适用上，本案二审判决也未综合考察刑事制裁对于民事惩罚性赔偿适用带来的影响。从结论上看，笔者认为并不应将刑事判决中认定的非法所得直接作为民事侵权获利进行处理，同时在将民事侵权获利作为基数适用惩罚性赔偿时也应该考察刑事制裁的遏制效果，避免二重惩罚现象的发生。

---

〔1〕 参见王彦杰：《商标侵权损害赔偿中“利润率”的界定与计算——以“侵权人获利”赔偿方式中的适用为视角》，载《中华商标》2020年Z1期。

商标法和反不正当竞争法的平行适用

026

请求权竞合时可选择商标法或反不正当竞争法主张救济 / 张浩然

深圳市景田食品饮料有限公司与深圳市景百岁山泉水食品有限公司、焦作市云台山矿泉水厂擅自使用知名商品特有名称、包装、装潢纠纷案 / 广东省高级人民法院民事判决书,(2019)粤民终 1691 号

事实概要

深圳市景田食品饮料有限公司(一审原告、二审上诉人,以下简称 X),在第 32 类矿泉水商品上注册了“景田”“百岁山”“Ganten”商标并曾被认定为驰名商标,其生产了“景田牌瓶装饮用水”“百岁山饮用天然矿泉水”,其采用 4 条流线型凹槽的圆柱瓶体包装,外观贴有山形图案与“百岁山”“Ganten”字样的标签。X 对相关产品进行了长时间、大规模的制造、销售,并进行了持续、广泛的广告宣传。此外,该商品外观曾获得外观设计专利授权,但已经到期而失效。深圳市景百岁山泉水食品有限公司(一审被告、二审被上诉人,以下简称 Y1)、焦作市云台山矿泉水厂(一审被告、二审被上诉人,以下简称 Y2)共同生产了“景臣饮用山泉水”,与 X 产品包装、装潢相对比,除存在少数差别(包括 X 产品标贴文字为“百岁山”,Y1、Y2 产品为“景臣 JINGCHEN”),二者整体布局、文字、图形颜色及背景渐变设计、图形与文字的排列方式基本相同。因此,X 主张其产品名称包装装潢构成知名商品特有名称、包装、装潢,Y1、Y2 生产产品侵害其合法权益而构成不正当竞争。

深圳市中级人民法院一审认为,X 提供的证据不足以证明涉案商品系知名商品,进而其名称、包装、装潢也不构成知名商品特有名称、包装、装潢。而且《反不正当竞争法》是知识产权法的补充,仅对知识产权法未涉及之处

提供补充性保护，本案"景田""百岁山""Ganten"标志均已注册商标，且其产品包装已申请了外观设计专利，应优先通过商标法、专利法保护。X不服一审判决向广东省高级人民法院提起上诉。

判决要旨

撤销原判，改判Y1、Y2行为构成不正当竞争。

二审判决指出，根据X提交的证据，涉案商品销售时间长、销售区域广、占据市场份额大，且进行了持续、广泛的广告宣传，在市场具有较高的知名度并为消费者广为知晓，应认定为知名商品；其名称、包装、装潢经过长时间宣传使用，已经在商品流通过程中起到识别商品来源的作用，应认定为知名商品特有包装、装潢。Y1、Y2产品使用了与X产品近似的包装、装潢，客观上会造成消费者对商品的混淆，故构成不正当竞争。至于"景田""百岁山""Ganten"标志均已注册商标，且商品包装曾获得外观设计保护，并不影响其获得反不正当竞争法的保护。

评　析

一、判决思路和意义

商业标识承担着标识商品来源、承载商誉和广告等功能，而我国《商标法》与《反不正当竞争法》均对商业标识进行保护，《商标法》主要对注册商标提供保护，《反不正当竞争法》则对未注册的商品名称、包装、装潢等未注册标识提供保护，二者保护不可避免地存在交叉和重叠，如本案中原告将注册商标作为商品名称、包装、装潢的部分加以使用。在二者交叉时，如果当事人两种诉由并举或择一主张，如何处理商标法保护与反不正当竞争法保护的关系？这是我国司法实践中长期面临的问题，而且存在不同裁判标准。其中代表性观点如一审法院认定，知识产权法与反不正当竞争法系特别法与一般法的关系，在二者存在交叉时应当优先适用知识产权法。[1] 但在本案中，二审法院认为，在既构成商标侵权又构成不正当竞争的情况下属于请求权竞合，在法律并未明文规定的情况下，当事人可自主选择反不正当竞争法进行保护。这厘清了反不正当竞争法保护与商标法保护的关系，为此后相关案件的裁判提供了参考。

二、相关规范与学理

在我国商业标识保护立法体系中，《商标法》主要对注册商标加以保护，遵循权利法定原则，禁止他人未经授权的商标使用行为，同时也兼顾未注册驰名商标的保护。《反不正当竞争法》则旨在调整一切“扰乱市场竞争秩序，损害其他经营者或者消费者的合法权益的行为”，其不受权利法定限制，除了《反不正当竞争法》第 6 条规定的前 3 种法定行为类型之外，还包括其他混淆和不正当竞争行为。二者的调整范围不可避免地存在交叉重叠，尤其是《反不正当竞争法》保护理论上可以囊括注册商标在内的一切使用他人商业标识的不正当竞争行为。对此情形法律应当如何适用，立法并未作出明确规定。

理论上，对此存在不同观点：一种是商标法优先适用说，如有学者认为，反不正当竞争法是商标保护的补充性法律，反不正当竞争法所提供的仅仅是“附加的补充性保护”，不能与著作权法、专利法和商标法等知识产权专门法相抵触。反不正当竞争法的商业标识保护制度是一种弥补商标法不足而对未注册商标的保护，仅在有限范围内发挥作用。[2] 依此观点，在商标法已经可以保护的情况下应优先适用商标法，不应当适用反不正当竞争法。另

---

〔1〕 参见张伟君、庄雨晴：《“〈商标法〉优先适用论”辨析》，载《知识产权》2020 年第 6 期。

〔2〕 参见王太平、袁振宗：《反不正当竞争法的商业标识保护制度评析》，载《知识产权》2018 年第 5 期；韦之：《论不正当竞争法与知识产权法的关系》，载《北京大学学报（哲学社会科学版）》2013 年第 1 期。

一种是平行关系说，有学者认为，商标法与反不正当竞争法之间存在并列关系，两法对商标权益提供平行保护，对二者交叉领域，当事人拥有选择法律使用的自由。[1]

笔者认为，反不正当竞争法与商标法的关系不应当一概而论。首先，反不正当竞争法与知识产权法存在密切的亲缘关系，二者存在共同的立法目的，即保护经营者的合法权益。在调整模式上，商标法通过设权模式进行保护，在特定客体之上设定排他性权利，具有保护的确定性；反不正当竞争法主要通过制止不正当行为而对相关法益进行保护，更具规制的灵活性。二者并不存在绝对的割裂，从历史的发展来看，商标权本质上是一系列与商标相关的典型不正当竞争行为的防御请求权从反不正当竞争法独立而组合成的“权利束”，并不断有新的不正当竞争行为从反不正当竞争法孕育出来而纳入知识产权制度加以调整。在此意义上，知识产权法与反不正当竞争法是特别法与一般法的关系，如果知识产权法对其作出了专门调整，则应当优先适用知识产权制度，而不应当再适用反不正当竞争法中的一般条款或兜底性条款（如《反不正当竞争法》第6条第4项的其他混淆行为）。但有的客体如有一定影响的企业字号、商品名称、包装、装潢，本身不在商标法等知识产权法调整的范围内，虽然并未采取权利保护模式，反不正当竞争法仍对相关不正当竞争行为作出了明确、具体的规制，二者则并不存在特别法与一般法的优先适用关系，而是对不同法益分别进行独立保护。由于市场实践的多样性，有可能存在同一行为既构成不正当竞争又构成商标侵权，系民法上典型的请求权竞合情形，应当允许当事人择一行使，当其中一项请求权已经实现救济目的，则其他请求权归于消灭。故而本案二审法院的观点值得赞同。

---

〔1〕 参见钱玉文：《论商标法与反不正当竞争法的适用选择》，载《知识产权》2015年第9期；郑友德：《论商标法和反不正当竞争法对商标权益的平行保护》，载《法商研究》2009年第5期。